사계절 피어나는 입체 종이꽃 만들기

야생화 페이퍼 플라워 43

야마모토 에미코 지음 | 이지혜 옮김

한스미디어

머리말

아름다운 그림이 그려진 서양의 옛이야기 그림책을 펼쳐보면
주인공인 귀여운 동물들 옆에
다양한 식물이 그려져 있고는 합니다.
이야기의 무대를 연출하는 식물들은
분명 예부터 그곳에 살던 사람들의 생활과 하나 되어
공존했을 거예요.
이 책에서는 서양의 야생화를 중심으로
사람들의 생활과 밀접한 곳에서 성장하는 식물을
종이로 만드는 법을 소개합니다.
그림이나 사진으로만 보았던 먼 나라의 꽃에서부터
지금은 우리 주위에도 완전히 정착되어 길가에 피어나는 꽃까지
43종의 꽃이 등장합니다.
마음에 드는 꽃을 발견했다면 종이로 만든 다음,
액자에 넣어 장식하거나 코사지로 만들어
가족이나 친구에게 선물해보세요.
이 책을 통해 만들기와 활용하기, 이 두 가지 즐거움을 만끽하시기 바랍니다.

야마모토 에미코

Contents

머리말 … 2

만들기 전에
도구 준비하기 … 6
종이 준비하기 … 7
만드는 법 배우기 … 8
기본 테크닉 익히기 … 10

봄꽃 Spring
와일드튤립 … 14
무스카리 … 15
스위트피 … 16
블루벨 … 17
캐모마일 … 18
스위트바이올렛 … 19
살갈퀴 … 20
레서셀란딘 … 22
독일은방울꽃 … 23
데이지 … 24
매발톱꽃 … 26
알리아리아 … 27
블루우드러프 … 28
아르메리아 … 29
　봄꽃 만들기 … 30

여름꽃 Summer
덩굴장미 … 44
버터컵 … 46
차이브 … 47
레드클로버 … 48
백합 … 50
까치밥나무 … 51
장미 … 52
라벤더 … 53
개양귀비 … 54
도그로즈 … 56
커먼말로우 … 59
금매화 … 60
물망초 … 62
에델바이스 … 63
블랙베리 … 64
　여름꽃 만들기 … 65

가을꽃 Autumn
스카비오사 … 80
갯개미취 … 82
마시멜로 … 83
유럽종 포도 … 84
밀보리 … 86
콜히쿰 … 87
올리브 … 88
　가을꽃 만들기 … 90

겨울꽃 Winter
크리스마스로즈 … 97
노랑너도바람꽃 … 98
시클라멘 … 101
프림로즈 … 102
치오노독사 … 103
유럽호랑가시나무 … 104
스노드롭 … 106
　겨울꽃 만들기 … 107

도안 … 113

만들기 전에

도구 준비하기

작품을 만들 때 필요한 기본 도구를 소개합니다.

① **자** : 직선으로 자를 때 사용한다. ② **끝이 뾰족한 도구** : 잎에 잎맥을 그을 때처럼 세밀함이 필요한 곳에 사용한다. 철필, 젓가락, 뜨개바늘 등을 이용하면 좋다. ③ **둥근 젓가락** : 꽃잎이나 잎 등을 둥글릴 때 사용한다. 가늘고 둥근 것이면 상관없다. ④ **구멍 뚫는 도구** : 종이에 구멍을 뚫을 때 송곳 등을 사용한다. ⑤ **샤프펜슬·연필** : 형지를 대고 그릴 때 사용한다. ⑥ **접착제** : 작품을 만들 때는 마르면 투명해지는 목공용 접착제를 추천한다. 도안을 형지에 붙일 때는 딱풀을 사용한다. ⑦ **가위** : 일반 가위면 충분하다. ⑧ **이쑤시개** : 작은 종이를 둥글릴 때나 종이에 접착제를 바를 때 사용한다. ⑨ **펀치** : 작품에 따라 사용하는 경우가 있다. 없어도 괜찮다. ⑩ **핀셋** : 작은 종잇조각을 다룰 때 편리하다. 끝이 직각으로 된 것도 좋다. ⑪ **두꺼운 종이** : 형지를 사용한다. 엽서 정도의 두께가 적당하다. ⑫ **펠트** : 철필로 잎맥을 그을 때 아래에 받쳐서 사용한다.

종이 준비하기

문구점에서 구할 수 있는 색상지가 적합해요. 이 책에 사용된 종이는 종이 전문점이나 대형 문구점, 화방 등에서 구입할 수 있어요.

탄트지

오감지

사토가미

머메이드지

NT 라샤

캔손지

※사토가미, NT 라샤는 국내에서 구할 수 없음

만드는 법 배우기

1~4의 과정을 따라 한 다음, 각 꽃의 만드는 과정을 보면서 꽃을 완성해요.

도안을 복사하여 모양보다 조금 여유 있게 오려 두꺼운 종이에 붙인다.

도안을 비치는 종이(트레이싱지 등)에 옮겨 그린 다음, 두꺼운 종이에 붙여도 좋다. 딱풀로 붙이는 게 편하다.

두꺼운 종이를 모양대로 오린다.

선을 따라 오린다. 선에서 조금 벗어나도 괜찮다.

작품을 만들 종이에 본뜬다.

필요한 개수만큼 본뜬다. 대칭형 도안(113쪽 참고)을 본뜰 때는 종이를 확실하게 접은 다음 본뜬다.

모양대로 오린다.

가위는 되도록 움직이지 말고 종이를 움직이면서 오린다. 선에서 조금 벗어나도 신경 쓰지 말자. 더 자연스럽게 완성되기도 한다.

◎ 작은 도안 오리기

1

도안을 비치는 종이에 옮겨 그린 다음, 모양보다 조금 여유 있게 오려서 두꺼운 종이에 붙인다.

2

가위는 되도록 움직이지 말고 종이를 움직이면서 오린다.

3 완성

◎ 바탕 종이에 붙이기

1
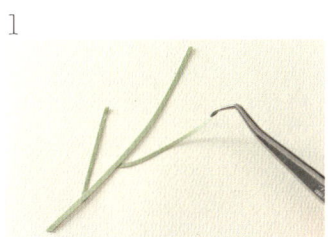
완성 사진을 보면서 줄기와 가지를 붙인다. 접착제는 줄기와 가지의 위아래 끝에만 바른다.

2

잎을 붙인다. 접착제는 잎이 줄기에 닿는 부분에만 바른다.

3 완성

마지막으로 꽃을 붙인다. 꽃을 붙일 때는 꽃이 바탕 종이에 닿는 부분에만 적은 양의 접착제를 사용하여 붙인다. 그러면 입체감과 생동감을 살릴 수 있다.

만들기 전에

기본 테크닉 익히기

작품을 만드는 데 필요한 테크닉이에요.

◎ 둥글리기

종이를 둥그렇게 말아 꽃잎이나 잎을 입체적으로 보이게 해요.

[접지 않고 둥글리기 하는 경우]

1

2

3 완성

종이에 젓가락 두께의 둥근 막대를 대고 감는다. 사진은 꽃잎의 왼쪽을 둥글리기 하는 모습. 오른쪽도 같은 방법으로 둥글리기 한다.

꽃잎의 끝부분을 둥글리기 하는 모습. 둥근 막대를 종이에 바짝 대고 감아야 한다.

1

2 완성

둥글리기 할 부분이 작을 때는 이쑤시개로 둥글리기 한다.

[접은 다음 둥글리기 하는 경우]

1

2

3 완성

대부분의 잎은 가운데에 주맥(도안의 엠보싱 접는 선———–-)을 그은 다음(113쪽 참고), 그은 선을 따라 접었다 편다.

잎맥을 모두 긋고 젓가락처럼 둥근 막대에 종이를 감아 둥글리기 한다. 반대쪽도 같은 방법으로 둥글리기 한다.

◎ 잎맥 긋기

잎맥을 표현할 때 사용하는 방법이에요. 선을 도드라지게 하는 기법으로 '엠보싱'이라고 해요.

[오린 다음 잎맥을 긋는 경우]

1

접은 펠트 위에 종이 뒷면이 보이도록 놓고 철필 같은 끝이 뾰족한 도구로 또렷하게 선을 긋는다.

2 완성

이 책에 나오는 잎맥은 주로 세 가지다. 왼쪽 잎맥은 '주맥을 기준으로 비스듬하게 올려 그은 잎맥', 가운데 잎맥은 '방사형으로 그은 잎맥', 오른쪽 잎맥은 '주맥을 기준으로 가지를 뻗치듯 그은 잎맥'이다.

[잎맥을 그은 다음 오리는 경우]

1

조그만 부분은 오리기 전에 잎맥을 긋는다. 접은 펠트 위에 종이 뒷면이 보이도록 놓고 끝이 뾰족한 도구로 또렷하게 선을 긋는다. 평행한 잎맥을 그릴 때는 자를 대고 선을 긋는다.

2 완성

◎ 문지르기

열매나 꽃봉오리 등을 표현할 때 사용하는 방법이에요.

1
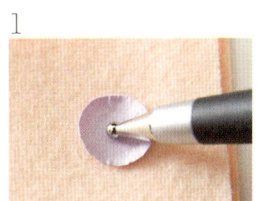
접은 펠트 위에 모양대로 오린 종이를 올려놓는다. 철필이나 젓가락 등 끝이 둥근 도구로 종이가 오목해지도록 문지르면 입체감이 생긴다.

2 완성

◎ 붙이기

도안을 따라 오린 종이를 붙여서 입체적으로 만들어요. 꽃, 잎, 줄기 등 모든 것이 완성되면 바탕 종이에 차례차례 붙여요.

1

접착제는 너무 많이 발리지 않게 이쑤시개로 얇게 펴 바른다. 꽃잎과 줄기는 뿌리 부분에만 접착제를 바른다.

2

만들기 순서에 따라 차례차례 붙인다.

3

겹쳐 붙이기, 엇갈려 붙이기 등 붙이는 방법에 주의하면서 붙인다.

4 완성

만들기 전에

◎ 꽃술 만들기

꽃술은 꽃의 중심부예요. 가늘고 긴 종이에 가위집을 넣은 다음, 동그랗게 말아요.

1
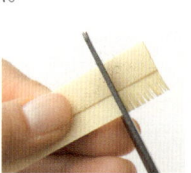
가늘고 긴 종이를 두 번 접는다.

2
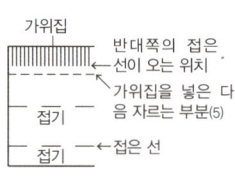
도안에 표시된 길이대로 가위집을 넣는다.

두 번 접으면 접은 선이 가위의 스토퍼 역할을 하기 때문에 일정한 길이로 가위집을 넣을 수 있다.

3

가위집을 넣은 부분에 이쑤시개를 대고 둥글리기 한다.

4

가위집을 넣은 부분을 접은 선에 맞춰 앞쪽으로 접는다.

5

접은 종이를 펼치고 도안에 표시된 자르는 선을 따라 자른다.

6

가위집을 넣은 부분의 아래쪽에 일직선으로 접착제를 바른다.

7

돌돌 말아서 접착제로 고정한다.

8

꽃술 부분을 펼친다.

9 완성

◎ 줄기 만들기

줄기를 둥글게 만들 때 사용하는 방법이에요.

1

줄기를 오리기 전에 오려낼 부분의 가운데에 선을 긋는다.

2

모양대로 오린다.

3

그은 선에 맞춰 이쑤시개를 대고 종이 양옆을 눌러 둥글게 만든다.

4 완성
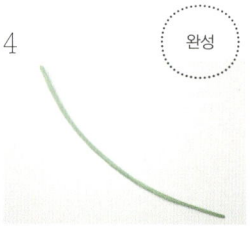
가지나 잎자루도 같은 방법으로 만든다. 작품에 따라서는 줄기를 둥글게 만들지 않는 것도 있다.

Spring

봄꽃

01 와일드튤립
Wild Tulip

프랑스 중부·남부 지역에 자생한다. 고블릿 형태의 꽃은 단성화로, 꽃잎이 뒤집히는 형태로 피기도 한다. 노란색 꽃이지만 바깥쪽 꽃잎은 살짝 초록빛을 띠는 경우도 있다.

만드는 법 > 30쪽   도안 > 114쪽

02 무스카리
Grape Hyacinth

좋은 향기가 나는 무스카리. 무스카리는 사향을 의미하는 그리스어 '무스크'에서 유래한 이름이라고 한다. 알뿌리식물로 초원이나 산지의 바위가 많은 경사로 등에서 자란다.

만드는 법 > 30쪽   도안 > 114쪽

03 스위트피
Sweetpea

17세기 이후 이탈리아의 시칠리아 섬에서 퍼지기 시작했으며, 완두콩과 비슷한 달콤한 향기가 난다. 줄기에서 뻗어나는 덩굴손으로 다른 물체를 타고 올라간다.

만드는 법 > 31쪽   도안 > 115쪽

04 블루벨
Bluebell

유럽 북서부 어디에서나 자생하는 꽃으로, 봄이 되면 숲 속에 밀집하여 핀다. 파란 꽃이 드넓게 펼쳐진 모습에서 '블루벨 숲'이라고 한다.

만드는 법 > 32쪽   도안 > 115쪽

05 캐모마일
Chamomile

'카밀러'라고도 한다. 유럽에서는 가장 역사 깊은 천연 수면제로 꼽힌다. 어원은 그리스어로 '대지의 사과'라는 의미. 사과 열매와 비슷한 좋은 향기가 난다.

만드는 법 > 33쪽   도안 > 116쪽

06 스위트바이올렛
Sweet Violet

우리나라에서는 '향기제비꽃'이라고 한다. 전 세계에 널리 분포한다. 달콤한 향기가 나는 꽃은 짙은 보라색(흰색 꽃도 있음)을 띠며, 크기는 직경 15mm 정도. 잎은 하트 모양이다.

만드는 법 > 34쪽   도안 > 116쪽

07 살갈퀴
Common Vetch

원산지는 지중해 연안이라고 알려져 있다. 꽃은 완두꽃과 비슷한 조그만 크기로, 붉은 보랏빛을 띤다. 콩 열매는 여물면 검게 변하며, 터지면서 종자를 날려 보낸다.

만드는 법 > 35쪽   도안 > 117쪽

08 레서셀란딘
Lesser Celandine

노랑 꽃잎 8~12장과 초록 꽃받침 3장으로 이루어진 꽃이다. 다육식물로 줄기가 짧고 잎은 하트 모양이다.

만드는 법 > 36쪽   도안 > 118쪽

09 독일은방울꽃
Lily of the Valley

원산지는 유럽. 우리나라에 자생하는 재래 종인 은방울꽃에 비해 내서성(더위에 적응하는 능력)이 있다. 꽃은 향이 진하고, 열매는 여물면 밝은 적색이 되는데 독이 있다.

만드는 법 > 37쪽   도안 > 119쪽

10 데이지
Daisy

원산지가 유럽인 국화과 다년초로, 유럽에서는 잡초로 흔히 접할 수 있다. 데이지라는 이름은 day's eye(낮의 눈)에서 유래되었다고 한다.

만드는 법 > 38쪽 도안 > 120쪽

꽃 뒤에 핀을 달아 아이 원피스의 브로치로.

11 매발톱꽃
Columbine

영문명인 콜럼바인은 '비둘기 같은'이라는 의미로, 꽃 모양이 비슷해서 붙여진 이름이다. 일본 헤이안 시대의 절세 미녀로 알려진 시즈카 고젠이 정인인 요시츠네를 생각하며 읊은 시조에도 등장한다.

만드는 법 > 39쪽 도안 > 121쪽

12 알리아리아
Garlic Mustard

십자화과의 이년초. 잎은 커다란 하트 모양으로, 짓이기면 마늘 냄새가 나고 겨자 맛이 난다.

만드는 법 > 40쪽   도안 > 121쪽

13 블루우드러프
Blue Woodruff

프랑스, 독일 남부, 네덜란드에 분포하며 영국과 스칸디나비아의 한정된 지역에서 자란다. 푸른 보랏빛의 작은 꽃이 송이송이 모여 핀다.

만드는 법 > 40쪽 도안 > 122쪽

14 아르메리아
Thrift

우리나라에서는 '너도부추'라고도 한다. 해안가의 목초지나 벼랑, 내륙의 산지나 암석지대 등에서 자란다. 동그란 형태로 밀집해 피는 꽃에서는 좋은 향기가 난다.

만드는 법 > 41쪽   도안 > 122쪽

봄꽃 만들기

8~12쪽을 참고하여 114~122쪽의 도안을 보고 직접 만들어보세요.

01 와일드튤립

완성작 > 14쪽   도안 > 114쪽

1 꽃잎(A~C)에 사진과 같이 젓가락을 대고 둥글리기 한다.

2 줄기에 둥글게 입체감을 주고 바탕 종이에 붙인 다음, 꽃잎(A) 2장의 아랫부분에 접착제를 발라 줄기 윗부분에 붙인다.

3 2의 꽃잎 한가운데에 꽃잎(B)를 붙이고 그 위에 꽃잎(C) 2장을 붙인 다음, 잎을 붙인다.

02 무스카리

완성작 > 15쪽   도안 > 114쪽

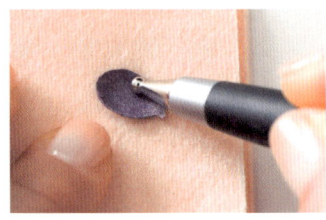

1 접은 펠트 위에 꽃과 꽃봉오리를 올려놓고 철필이나 젓가락 등 끝이 둥근 도구로 문질러 입체감을 준다.

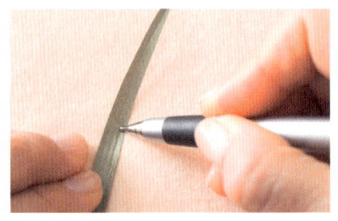

2 잎에 세로로 2~3줄 잎맥을 그은 다음, 완성작을 보면서 바탕 종이에 줄기, 꽃, 꽃봉오리, 잎을 차례차례 붙인다.

03
스위트피

완성작 > 16쪽 도안 > 115쪽

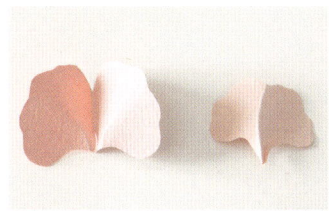

1 꽃잎(상, 하)은 엠보싱 접는 선을 따라 접는다.

2 1의 꽃잎에 방사형으로 잎맥을 긋는다.

3 꽃잎(상)의 가위집 부분에 접착제를 바른 다음, 꽃잎(하)의 아래쪽을 끼워 고정한다.

4 꽃받침에 사진과 같이 이쑤시개를 대고 둥글리기 한다.

5 꽃받침에 접착제를 바른 다음, 3의 꽃잎 아래쪽을 끼워 고정한다.

6 이쑤시개에 덩굴을 감아 컬을 만든다. 잎도 둥글리기 한다. 완성작을 보면서 바탕 종이에 줄기, 잎, 꽃, 덩굴을 차례차례 붙인다.

04 블루벨

완성작 > 17쪽   도안 > 115쪽

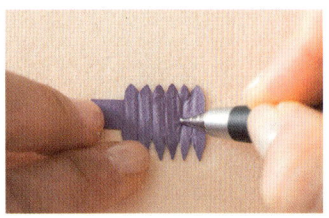

1 꽃에 세로로 잎맥을 긋는다.

2 꽃에 사진과 같이 이쑤시개를 대고 윗부분은 안쪽으로, 아랫부분은 바깥쪽으로 둥글리기 한다.

3 꽃의 풀칠하는 곳에 접착제를 바른다.

4 꽃을 둥글게 말아 통발 모양으로 고정한다.

5 꽃 완성. 완성작을 보면서 바탕 종이에 줄기, 잎, 꽃을 차례차례 붙인다.

05
캐모마일

완성작 > 18쪽   도안 > 116쪽

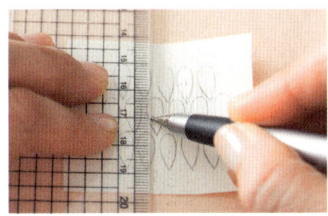

1 꽃잎이 그려진 종이를 오리기 전에 자를 대고 세로로 잎맥을 긋는다.

2 1의 꽃잎을 오린 다음, 사진과 같이 이쑤시개로 둥글리기 한다.

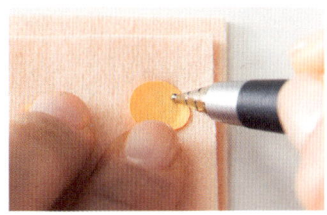

3 접은 펠트 위에 꽃술을 올려놓고 끝이 둥근 도구로 가장자리를 문질러 입체감을 준다.

4 3의 꽃술 아랫부분에 2의 꽃잎을 붙인다.

5 완성작을 보면서 바탕 종이에 줄기, 잎, 꽃을 차례차례 붙인다.

06
스위트바이올렛

완성작 > 19쪽 도안 > 116쪽

1 꽃잎(상, 하)에 방사형으로 잎맥을 긋는다.

2 꽃잎(하)의 가운데 끝부분에 잎맥 3개를 붙인다.

3 2의 꽃잎(하)에 사진과 같이 젓가락을 대고 둥글리기 한다. 양 끝도 젓가락을 대고 둥글리기 한다.

4 꽃잎(상)에 젓가락을 대고 둥글리기 한다.

5 3의 꽃잎(하)의 풀칠하는 곳에 접착제를 바른다.

6 5의 꽃잎(하)을 둥글게 말아 고정한다.

7 4의 꽃잎(상)의 가위집 부분에 접착제를 바른 다음, 꽃잎(하)의 끝부분을 끼워 고정한다.

8 고정하면 꽃 완성.

9 잎에 가지를 뻗치듯이 잎맥을 긋는다. 완성작을 보면서 바탕 종이에 줄기, 잎, 꽃을 차례차례 붙인다.

07
살갈퀴

완성작 > 20쪽   도안 > 117쪽

1 꽃잎(상)의 가위집 부분에 접착제를 바른 다음, 꽃잎(하)의 끝부분을 끼워 고정한다.

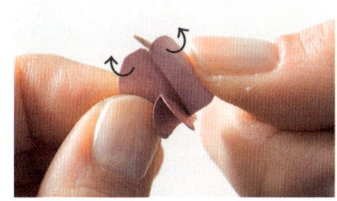

2 1의 꽃잎(상)에 사진과 같이 이쑤시개를 대고 둥글리기 한다.

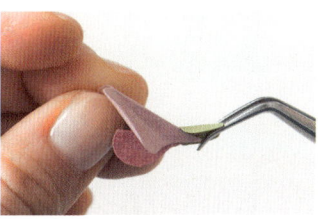

3 꽃받침에 접착제를 바른 다음, 2의 꽃 끝부분에 붙인다.

4 콩 자루에 사진과 같이 이쑤시개를 대고 둥글리기 한다.

5 접은 펠트 위에 4의 콩 자루를 올려놓고 끝이 둥근 도구를 이용해 콩 모양 4~5개 정도를 둥글고 작게 문질러 엠보싱을 준다.

6 콩 꼭지를 안쪽으로 둥글리기 한 다음, 5의 콩 자루 머리 부분에 붙인다.

7 수염을 사진과 같이 이쑤시개에 감아 컬을 만든다.

8 잎줄기와 줄기(소) 끝에 컬을 만든다.

9 잎(대, 소)에 사진과 같이 이쑤시개를 대고 둥글리기 한다. 완성작을 보면서 바탕 종이에 줄기, 잎줄기, 잎, 수염, 꽃을 차례차례 붙인다.

08
레서셀란딘

완성작 > 22쪽   도안 > 118쪽

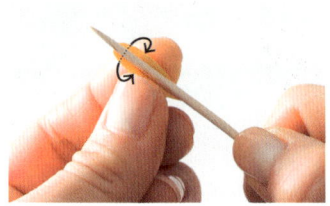

1 꽃잎에 사진과 같이 이쑤시개를 대고 둥글리기 한다.

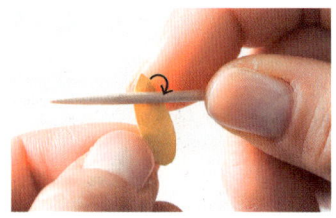

2 꽃잎 끝부분에도 이쑤시개를 대고 둥글리기 한다.

3 꽃 토대에 꽃잎을 3장 붙인다.

4 꽃잎 6장을 3의 꽃잎 사이사이에 2장씩 붙인다.

5 4장의 가늘게 오린 꽃술 가운데에 각각 접착제를 바른다.

6 5의 꽃술을 꽃 가운데에 방사형으로 붙인다.

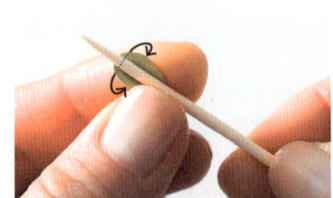

7 꽃받침에 사진과 같이 이쑤시개를 대고 둥글리기 한다.

8 꽃받침 끝부분에도 이쑤시개를 대고 둥글리기 한다.

9 꽃 뒷면에 8의 꽃받침을 3장 붙인다. 같은 방법으로 꽃 1개를 더 만든다.

10 잎에 방사형으로 잎맥을 긋는다. 완성작을 보면서 바탕 종이에 줄기, 잎, 꽃을 차례차례 붙인다.

09 독일은방울꽃

완성작 > 23쪽   도안 > 119쪽

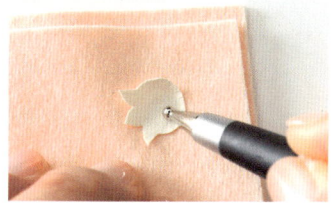

1 접은 펠트 위에 꽃을 올려놓고 끝이 둥근 도구로 문질러 입체감을 준다.

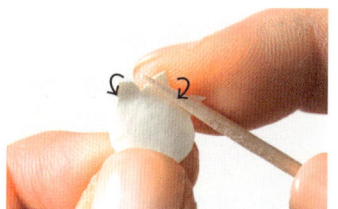

2 꽃잎 끝에 사진과 같이 이쑤시개를 대고 둥글리기 한다.

3 잎에 세로로 잎맥을 긋는다.

4 잎에 사진과 같이 젓가락을 대고 둥글리기 한다. 완성작을 보면서 바탕 종이에 잎, 꽃을 차례차례 붙인다.

10
데이지

완성작 > 24쪽   도안 > 120쪽

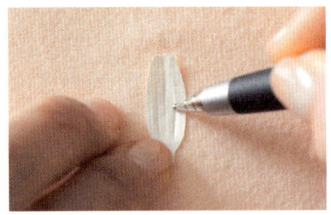

1 꽃잎 앞면에 2~3줄, 뒷면에 4~5줄 정도 잎맥을 긋는다.

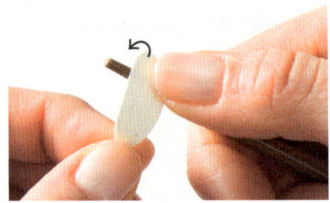

2 꽃잎에 사진과 같이 젓가락을 대고 둥글리기 한다.

3 꽃 토대에 꽃잎 8장을 한 바퀴 둘러 붙인다. 먼저 4장을 십자 모양으로 붙인다.

4 꽃잎과 꽃잎 사이에 한 장씩 더 붙여 8장을 한 바퀴 둘러 붙인 모양으로 만든다.

5 3·4와 같은 방법으로 아래쪽 꽃잎 끝이 보이도록 엇갈려, 8장을 둘러 붙인다.

6 12쪽을 참고하여 꽃술을 만든 다음, 꽃 중심에 붙인다. 같은 방법으로 꽃 1개를 더 만든다.

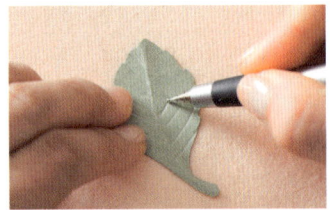

7 잎 가운데의 엠보싱 선에서 사선으로 잎맥을 긋는다.

8 잎에 사진과 같이 젓가락을 대고 둥글리기 한다. 완성작을 보면서 바탕 종이에 줄기, 잎, 꽃을 차례차례 붙인다.

11
매발톱꽃

완성작 > 26쪽   도안 > 121쪽

1 꽃잎(A)의 양옆과 끝부분에 젓가락을 대고 둥글리기 한다.

2 꽃 토대에 꽃잎(A) 5장을 한 바퀴 둘러 붙인다.

3 꽃잎(B, C)의 끝부분을 직각으로 접는다.

4 꽃잎을 접은 부분에 접착제를 바른다.

5 꽃 뒤쪽의 토대에 꽃잎(C) 1장을 꽃잎 (A) 사이에 붙인 다음, 꽃잎(B) 4장을 꽃잎(A) 사이사이에 붙인다.

6 12쪽을 참고하여 꽃술을 만든 다음, 꽃 중심에 붙인다.

7 꽃잎(B, C)에 사진과 같이 젓가락을 대고 둥글리기 한다. 같은 방법으로 꽃 2개를 더 만든다.

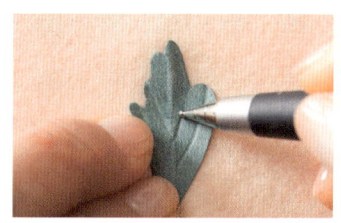

8 잎 가운데의 엠보싱 선에서 사선으로 잎맥을 긋는다. 완성작을 보면서 바탕 종이에 줄기, 잎, 꽃을 차례차례 붙인다.

12 알리아리아

완성작 > 27쪽   도안 > 121쪽

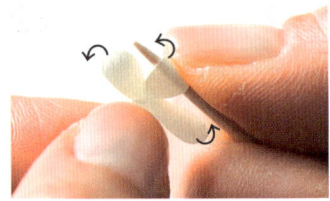

1 사진과 같이 꽃에 이쑤시개를 대고 둥글리기 한다.

2 잎 가운데의 엠보싱 선을 기준으로 가지를 뻗치듯이 잎맥을 그은 다음, 둥글리기 한다. 줄기에 둥글게 입체감을 준다. 완성작을 보면서 바탕 종이에 줄기, 잎, 꽃을 차례차례 붙인다.

13 블루우드러프

완성작 > 28쪽   도안 > 122쪽

1 접은 펠트 위에 꽃을 올려놓고 송곳으로 꽃 중심에 구멍을 뚫는다.

2 사진과 같이 꽃에 이쑤시개를 대고 둥글리기 한다.

3 사진과 같이 잎에 젓가락을 대고 둥글리기 한다. 완성작을 보면서 바탕 종이에 잎, 꽃을 차례차례 붙인다.

14
아르메리아

완성작 > 29쪽   도안 > 122쪽

1 꽃잎에 방사형으로 잎맥을 긋는다.

2 사진과 같이 꽃잎에 이쑤시개를 대고 둥글리기 한다.

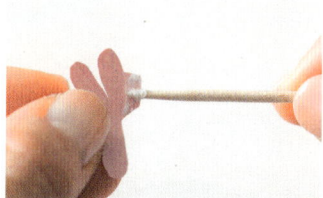

3 꽃잎의 풀칠하는 곳에 접착제를 바른다.

4 꽃잎을 둥글게 말아 고정한다.

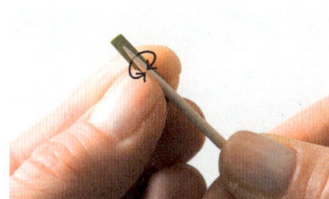

5 꽃받침에 사진과 같이 이쑤시개를 대고 둥글리기 한다.

6 줄기 끝에 5의 꽃받침을 붙인 다음, 완성작을 보면서 바탕 종이에 줄기를 붙인다.

7 줄기에 꽃잎을 ①~⑤의 순서로 붙인다.

8 꽃잎을 ⑥~⑦의 순서로 덧붙인다.

9 꽃잎을 ⑧~⑩의 순서로 덧붙인다. 꽃 2개를 더 만들어 바탕 종이에 붙인다. 완성작을 보면서 잎을 붙인다.

와인글라스 손잡이에 리본을 묶은 다음
꽃을 붙인 예쁜 글라스 마커

Summer

여름꽃

15 덩굴장미
Climbing Rose

덩굴로 자라는 장미를 통틀어 덩굴장미라고 한다. 종류가 다양한 만큼 홑꽃, 반겹꽃, 겹꽃 등 꽃을 피우는 방법도 가지각색이다.

만드는 법 > 65쪽   도안 > 123쪽

16 버터컵
Buttercup

우리나라에서는 '미나리아재비'라고 한다. 꽃이 컵 모양에 버터 색을 하고 있어서 버터컵이라는 이름이 붙었다. '말의 발자국'이라는 별명이 있는데, 뿌리 부근에 돋아나는 잎이 말발굽과 비슷한 모양이기 때문이다.

만드는 법 > 66쪽   도안 > 124쪽

17 차이브
Chive

우리나라에서는 '골파'라고도 한다. 한 송이만 피지 않고 무리 지어 자라는 성질이 있다. 파의 방향 성분을 가득 머금고 있어 파와 비슷한 향이 난다. 서양에서는 요리에 파 대신 차이브를 사용하기도 했다.

만드는 법 > 66쪽   도안 > 125쪽

18 레드클로버
Red Clover

우리나라에서는 '붉은토끼풀'이라고 한다. 유럽이 원산지며 허브의 일종이다. 미국에서는 꽃이삭을 채집해 건조한 후, 체질 개선에 쓰기도 한다.

만드는 법 > 67쪽   도안 > 126쪽

감사의 마음을 담은 메시지 카드에 받는 사람이 좋아하는 꽃을 붙이면 멋진 카드가 된다.

19 백합
Lily

백합은 종류가 다양한데, 꽃의 모양부터 꽃차례까지 각양각색이다. 그리스 신화에도 등장하며, 기독교에서도 흰 백합은 성모 마리아의 순결을 상징하는 꽃으로 그려졌다.

만드는 법 > 68쪽   도안 > 127쪽

20 까치밥나무
Redcurrant

원산지는 유럽. 열매 색이 붉은 계통인 것은 붉은 까치밥나무, 흰색 계통인 것은 흰 까치밥나무라고 부른다. 열매는 잼이나 젤리, 과실주 등을 만드는 데 사용한다.

만드는 법 > 69쪽   도안 > 128쪽

21 장미
Rose

장미는 장미목 장미과 장미속 식물의 총칭으로, 야생종을 품종 개량하여 만들어졌다. 7천 년 전의 이집트 관 속에서 발견된 적이 있을 정도로 역사가 오래된 꽃이다.

만드는 법 > 70쪽   도안 > 128쪽

22 라벤더
Lavender

지중해 연안이 원산지로, 향기와 약효 덕분에 오래전부터 사랑받아온 허브다. 학명은 라틴어로 '씻다'라는 의미인데, 입욕제에 사용되던 것에서 비롯되었다는 설이 있다.

만드는 법 > 71쪽   도안 > 129쪽

23 개양귀비
Common Poppy

황무지나 경작지 같은 환경에서도 적응하는 일년초 식물로, 유럽 전 지역에 분포한다. 줄기에는 잔털이 나있고 잎은 가장자리가 들쑥날쑥한 톱니 모양이다.

만드는 법 > 72쪽   도안 > 130쪽

꽃 뒤에 안전핀을 달아 만든 코사지로
심플한 카고 백에 포인트를 주었다.

24 도그로즈
Dog Rose

유럽에서 흔히 볼 수 있는 장미의 일종으로 높이가 1~5m 정도다. 꽃 색깔은 일반적으로 연한 핑크색이지만, 진한 핑크색부터 흰색까지 변종이 있다.

만드는 법 > 73쪽 도안 > 131쪽

25 커먼말로우
Common Mallow

우리나라에서는 '당아욱'이라고도 한다. 프랑스, 독일, 벨기에, 네덜란드, 아일랜드 등에 분포한다. 허브티로 인기 있는 멜로우와 같은 종류에 속한다.

만드는 법 > 74쪽 도안 > 132쪽

26 금매화
Globeflower

'트롤리우스'라고도 하는데, 둥글다는 뜻의 독일어 '트롤'에서 유래되었다. 꽃잎이 겹치면서 안쪽으로 말린, 둥근 형태가 사랑스럽다.

만드는 법 > 75쪽   도안 > 133쪽

봉봉 쇼콜라와 함께 담으면 한층 더
마음이 담긴 선물이 된다.

27 물망초
Forget Me Not

유럽이 원산지로, 독일에서는 한 연인의 슬픈 전설에 등장한다. 학명인 '미오소티스'는 잎 모양을 딴 이름이며, 그리스어로 '생쥐의 귀'를 의미한다.

만드는 법 > 76쪽   도안 > 134쪽

28 에델바이스
Edelweiss

유럽의 산악지대에 분포한다. 꽃이 피어 있는 모습 그대로 마르기 때문에 영원이나 불멸을 상징한다. 옛날에는 에델바이스를 신비한 꽃으로 여겼다.

만드는 법 > 77쪽   도안 > 135쪽

29 블랙베리
Blackberry

유럽을 시작으로 세계 각지에 널리 분포하는 낙엽관목이다. 작은 알맹이가 뭉쳐 있는 열매는 처음에는 붉은색이지만 여물면 푸른빛이 도는 검은색으로 변한다.

만드는 법 > 78쪽   도안 > 135쪽

여름꽃 만들기

8~12쪽을 참고하여 123~135쪽의 도안을 준비하여 만들어보세요.

15 덩굴장미

완성작 > 44쪽   도안 > 123쪽

1 꽃잎에 젓가락을 대고 둥글리기 한다. 꽃 1개에 꽃잎은 13장. 그중 1장은 양 옆의 방향을 반대로 둥글리기(오른쪽 사진) 하면 더 자연스럽다.

2 꽃 토대에 꽃잎 5장을 한 바퀴 둘러 붙인다.

3 2의 위에 아래쪽 꽃잎과 엇갈려서 꽃잎 5장을 둘러 붙인다.

4 3의 위에 아래쪽 꽃잎과 엇갈려서 꽃잎 3장을 둘러 붙인다. 같은 방법으로 6개를 더 만들고 작은 꽃 3개를 만든다. 작은 꽃은 한 바퀴째는 꽃잎 5장, 두 바퀴째는 꽃잎 3장을 둘러 붙인다.

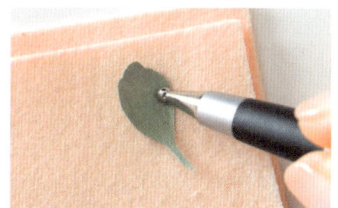

5 접은 펠트 위에 꽃봉오리를 올려놓고 끝이 둥근 도구로 문질러 입체감을 준다.

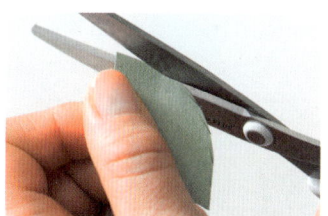

6 잎 가장자리를 들쑥날쑥하게 만들기 위해 가위집을 넣는다.

7 6과 같은 방법으로 반대편에도 가위집을 넣는다.

8 잎 가운데의 엠보싱 선에서 사선으로 잎맥을 긋고 둥글리기 한다. 완성작을 보면서 바탕 종이에 덩굴, 줄기, 잎, 꽃봉오리, 꽃을 차례차례 붙인다.

16 버터컵

완성작 > 46쪽 도안 > 124쪽

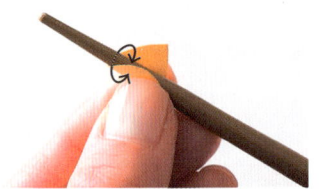

1 사진과 같이 꽃잎에 젓가락을 대고 둥글리기 한다.

2 꽃 토대에 꽃잎 5장을 끝부분이 살짝 겹치도록 한 바퀴 둘러 붙인다.

3 12쪽을 참고하여 꽃술을 만든 다음, 꽃 중심에 붙인다. 같은 방법으로 1개 더 만든다. 완성작을 보면서 바탕 종이에 줄기, 잎, 꽃봉오리, 꽃을 차례차례 붙인다.

17 차이브

완성작 > 47쪽 도안 > 125쪽

1 12쪽을 참고하여 꽃술 만드는 방법으로 꽃을 만든다. 가위집이 긴 쪽부터 둘둘 말아서 고정한다.

2 꽃 부분을 핀셋으로 바깥쪽부터 조금씩 펼친다. 같은 방법으로 2개 더 만든다.

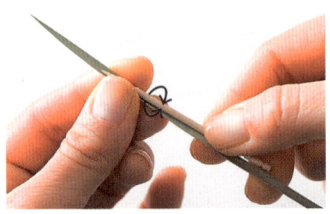

3 사진과 같이 잎에 이쑤시개를 대고 오므린다. 줄기에 둥글게 입체감을 준다. 완성작을 보면서 바탕 종이에 줄기, 잎, 꽃을 차례차례 붙인다.

18
레드클로버

완성작 > 48쪽   도안 > 126쪽

1 잎 가운데의 엠보싱 선에서 사선으로 잎맥을 긋는다.

2 사진과 같이 잎에 젓가락을 대고 둥글리기 한다. 몇 장은 둥글리기 하지 않고 그대로 두면 더 자연스럽다.

3 줄기(대, 중)에 둥글게 입체감을 준다. 완성작을 보면서 바탕 종이에 줄기, 잎을 붙인다.

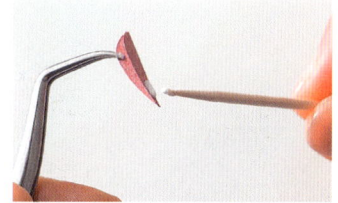

4 꽃잎 끝에 접착제를 바른다.

5 3의 바탕 종이에 꽃잎 4장을 붙인다.

6 나머지 12장의 꽃잎은 핀셋을 이용해 끝부분을 직각으로 접고, 접은 부분에 접착제를 발라 붙인다.

7 6의 꽃잎을 양끝과 위에 4장 더 붙인다.

8 양끝과 위에 6의 꽃잎을 4장 더 붙인다.

9 양끝과 위에 6의 꽃잎을 4장 더 붙인다. 같은 방법으로 꽃 1개를 더 만든다.

19
백합

완성작 > 50쪽   도안 > 127쪽

1 꽃술 윗부분을 접는다.

2 꽃술 아랫부분에 접착제를 바르고 둥글게 말아서 고정한다.

3 2의 수술 부분을 핀셋으로 벌린다.

4 수술의 접은 부분에 꽃밥을 붙인다.

5 꽃술 아랫부분에 접착제를 바른 다음, 꽃잎 끝에 붙인다.

6 꽃잎의 풀칠하는 곳에 접착제를 바른 다음, 꽃술을 감싸듯이 둥글게 말아 고정한다.

7 나머지 꽃잎의 풀칠하는 곳과 아래쪽에 접착제를 바른 다음, 6의 꽃잎을 얹는다.

8 7의 꽃잎을 둥글게 말아 고정한다.

9 꽃잎에 사진과 같이 젓가락을 대고 둥글리기 한다.

10 잎에 세로로 잎맥을 긋는다.

11 사진과 같이 잎에 젓가락을 대고 둥글리기 한다. 완성작을 보면서 바탕 종이에 줄기, 잎, 꽃을 차례차례 붙인다.

20
까치밥나무

완성작 > 51쪽   도안 > 128쪽

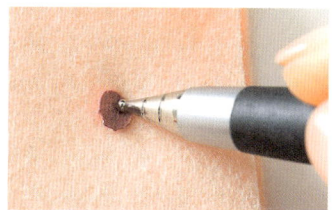

1 접은 펠트 위에 열매를 올려놓고 끝이 둥근 도구로 문질러 입체감을 준다.

2 잎 각각의 엠보싱 선에서 가지를 뻗치듯이 잎맥을 긋는다. 줄기에 둥글게 입체감을 준다. 완성작을 보면서 바탕 종이에 줄기, 잎, 열매를 차례차례 붙인다.

69

21
장미

완성작 > 52쪽   도안 > 128쪽

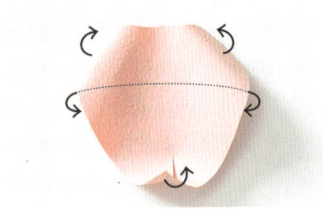

1 꽃잎(A)에 젓가락을 대고 사진과 같이 둥글리기 한다.

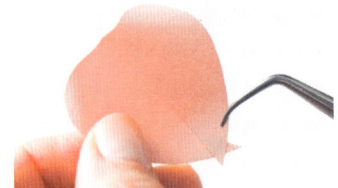

2 1의 꽃잎(A) 가위집 부분에 접착제를 바른 다음, 살짝 겹쳐서 붙인다.

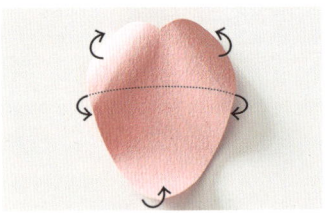

3 꽃잎(B) 5장에 젓가락을 대고 사진과 같이 둥글리기 한다.

4 꽃잎(C) 4장에 젓가락을 대고 사진과 같이 둥글리기 한다.

5 왼쪽부터 꽃잎(A), (B), (C).

6 젓가락에 중심 꽃을 감아 컬을 만든다.

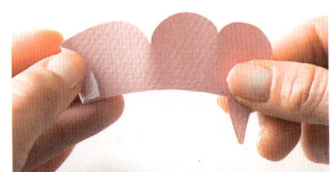

7 6의 중심 꽃을 펼친 다음, 아랫부분에 접착제를 바르고 아랫변을 맞춰 돌돌 감는다(윗부분이 자연히 벌어진다).

8 풀칠하는 곳에 접착제를 바른 다음, 아랫부분을 감싸듯이 고정한다.

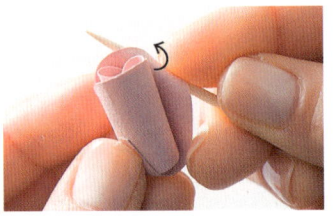

9 사진과 같이 8의 중심 꽃에 이쑤시개를 대고 둥글리기 한다.

10 꽃 토대에 꽃잎(A) 3장을 옆면이 맞닿도록 차례차례 붙인다.

11 네 번째 꽃잎(A)을 옆면이 맞닿도록 붙인다(네 번째 꽃잎은 첫 번째 꽃잎 위로 반 겹친다). 다섯 번째 꽃잎을 붙인 다음, 같은 방법으로 꽃잎(B) 5장을 이어 붙인다.

12 계속해서 꽃잎(C) 4장을 붙인다.

13 12의 꽃 한가운데에 9의 중심 꽃을 접착제로 붙인다.

14 잎 가장자리를 들쑥날쑥하게 가위집을 넣는다.

15 14의 반대편 가장자리에 가위집을 넣는다. 잎 가운데의 엠보싱 선에서 사선으로 잎맥을 긋고 둥글리기 한다. 줄기에 둥글게 입체감을 준다. 완성작을 보면서 바탕 종이에 줄기, 가시, 잎, 꽃을 차례차례 붙인다.

22
라벤더

완성작 > 53쪽   도안 > 129쪽

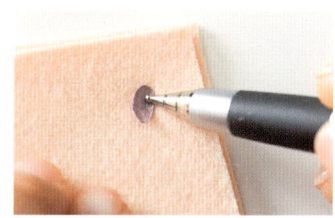

1 접은 펠트 위에 꽃을 올려놓고 끝이 둥근 도구로 문질러 입체감을 준다.

2 사진과 같이 잎에 젓가락을 대고 둥글리기 한다. 줄기에 둥글게 입체감을 준다. 완성작을 보면서 바탕 종이에 줄기, 잎, 꽃을 차례차례 붙인다.

23
개양귀비

완성작 > 54쪽 도안 > 130쪽

1 꽃잎 앞뒷면에 방사형으로 잎맥을 긋는다.

2 사진과 같이 꽃잎에 젓가락을 대고 둥글리기 한다.

3 꽃잎 끝부분도 젓가락을 대고 둥글리기 한다.

4 꽃 토대에 꽃잎 2장을 마주보게 붙인다.

5 빈 부분에 꽃잎 2장을 붙인다.

6 12쪽을 참고하여 꽃술(A)을 만든다. 꽃술(B)는 12쪽의 6까지 참고한 다음, 아랫부분에 접착제를 바르고 꽃술(A)를 올려 돌돌 감는다. A와 B 둘 다 가위집 부분을 펼친다.

7 꽃 중심에 6의 꽃술을 붙인다. 같은 방법으로 꽃 1개를 더 만든다.

8 접은 펠트 위에 꽃봉오리를 올려놓고 끝이 둥근 도구로 문질러 입체감을 준다. 완성작을 보면서 바탕 종이에 줄기, 잎, 꽃봉오리, 꽃을 차례차례 붙인다.

24
도그로즈

완성작 > 56쪽   도안 > 131쪽

1 사진과 같이 꽃잎에 젓가락을 대고 둥글리기 한다.

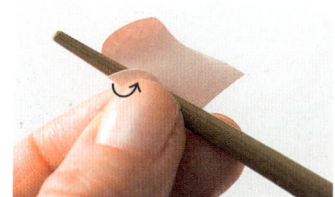

2 꽃잎을 뒤집어서 사진과 같이 젓가락을 대고 둥글리기 한다.

3 꽃잎 끝부분도 젓가락을 대고 둥글리기 한다.

4 꽃 토대에 꽃잎 5장을 한 바퀴 둘러 붙인다.

5 12쪽의 6까지 참고하여 꽃술을 만든 다음, 아랫부분에 접착제를 바른다. 꽃술을 이쑤시개로 한 번 감은 다음, 이쑤시개를 뺀다. 그러면 가운데에 구멍이 생긴다.

6 꽃술의 가위집을 낸 부분을 펼친 다음, 꽃 중심에 붙인다. 같은 방법으로 꽃 2개를 더 만든다.

7 잎 가장자리에 들쑥날쑥하게 가위집을 넣는다.

8 7과 같은 방법으로 반대편에도 가위집을 넣는다.

9 잎 가운데의 엠보싱 선에서 사선으로 잎맥을 긋고 둥글리기 한다. 완성작을 보면서 바탕 종이에 줄기, 가시, 잎, 꽃을 차례차례 붙인다.

25
커먼말로우

완성작 > 59쪽   도안 > 132쪽

1 꽃잎에 잎맥 3개를 붙인다.

2 사진과 같이 1의 꽃잎에 젓가락을 대고 둥글리기 한다.

3 꽃받침의 가위집 부분에 접착제를 바른 다음, 한쪽을 겹쳐서 고정한다.

4 꽃받침에 꽃잎 5장을 한 바퀴 둘러 붙인다.

5 12쪽을 참고하여 꽃술을 만들어 꽃 중심에 붙인다. 같은 방법으로 꽃 3개를 더 만든다.

6 잎의 각 엠보싱 선에서 사선으로 잎맥을 그은 다음, 양옆을 둥글리기 한다. 완성작을 보면서 바탕 종이에 잎, 꽃을 차례차례 붙인다.

26
금매화

완성작 > 60쪽 도안 > 133쪽

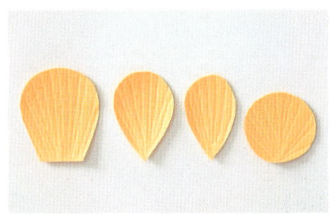

1 꽃잎(A, B, C, D)에 방사형으로 잎맥을 긋는다.

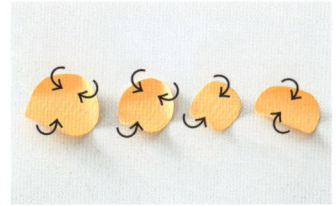

2 1의 꽃잎(A, B, C, D)에 젓가락을 대고 둥글리기 한다.

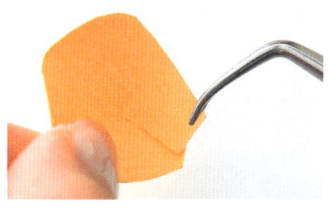

3 꽃잎(A)의 가위집 부분에 접착제를 바른 다음, 살짝 겹쳐서 고정한다.

4 꽃 토대에 3의 꽃잎(A) 3장을 한 바퀴 둘러 붙인다.

5 꽃잎(B) 3장을 아래쪽 꽃잎과 엇갈리게 한 바퀴 둘러 붙인다.

6 꽃잎(C) 3장을 아래쪽 꽃잎과 엇갈리게 한 바퀴 둘러 붙인다. 꽃잎을 오므려서 붙이기 어려울 때는 젓가락 같은 도구로 누르면서 붙인다. 같은 방법으로 꽃 2개를 더 만든다.

7 6의 꽃 뒷면에 꽃잎(D) 3장을 붙인다. 줄기에 둥글게 입체감을 준다. 완성작을 보면서 바탕 종이에 줄기, 잎, 꽃을 차례차례 붙인다.

27
물망초

완성작 > 62쪽   도안 > 134쪽

1. 접은 펠트 위에 꽃을 올려놓고 송곳으로 꽃의 한가운데에 구멍을 뚫는다.

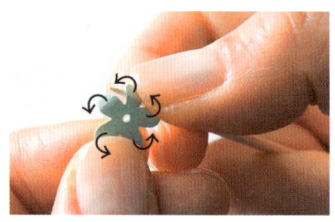

2. 사진과 같이 꽃에 이쑤시개를 대고 둥글리기 한다.

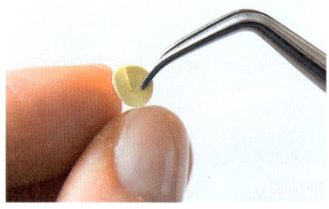

3. 꽃술의 가위집 부분에 접착제를 바른 다음, 살짝 겹쳐서 고정한다.

4. 2의 꽃 뒷면과 3의 꽃술 오목한 면을 맞닿도록 붙인다.

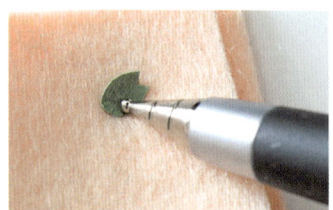

5. 접은 펠트 위에 꽃봉오리를 올려놓고 끝이 둥근 도구로 문질러 입체감을 준다.

6. 잎 가운데의 엠보싱 선에서 사선으로 잎맥을 긋고 둥글리기 한다. 줄기에 둥글게 입체감을 준다. 완성작을 보면서 바탕 종이에 줄기, 잎, 꽃봉오리, 꽃을 차례차례 붙인다.

28
에델바이스

완성작 > 63쪽   도안 > 135쪽

1 사진과 같이 꽃잎(A, B, C)에 젓가락을 대고 둥글리기 한다.

2 꽃 토대에 꽃잎(C) 3장을 붙인다.

3 꽃잎(B) 3장을 꽃잎 사이에 1장씩 붙인다.

4 꽃잎(A) 2장을 적당한 위치에 붙인다.

5 12쪽을 참고하여 꽃술을 만들어 꽃 중심에 붙인다. 같은 방법으로 꽃 2개를 더 만든다.

6 사진과 같이 잎에 이쑤시개를 대고 둥글리기 한다. 완성작을 보면서 바탕 종이에 잎, 꽃을 차례차례 붙인다.

29
블랙베리

완성작 > 64쪽   도안 > 135쪽

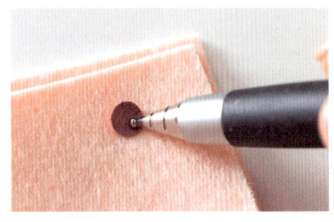

1. 접은 펠트 위에 열매를 올려놓고 끝이 둥근 도구로 문질러 입체감을 준다.

2. 열매 토대에 1의 열매 7개를 한 바퀴 둘러 붙인다. 그 안을 메우듯이 열매를 더 붙인다. 한 송이에 10~18개의 열매를 붙인다. 같은 방법으로 열매 5개를 더 만든다.

3. 잎 가장자리에 들쑥날쑥하게 가위집을 넣는다.

4. 3과 같은 방법으로 반대편도 가위집을 넣는다.

5. 잎 가운데의 엠보싱 선에서 잎맥을 긋고 양옆을 둥글리기 한다. 완성작을 보면서 바탕 종이에 줄기, 잎, 열매를 차례차례 붙인다.

Aut
umn

가을꽃

30 스카비오사
Scabiosa

유럽에서는 장례식 때 미망인이 검정 보랏
빛의 이 꽃을 지니는 풍습이 있기 때문에
'상복의 꽃'이라고도 한다.

만드는 법 > 90쪽   도안 > 136쪽

예쁘게 묶은 리본에 꽃과 잎을 붙인 냅킨링

31 갯개미취
Michaelmas Daisy

원산지는 북아메리카. 국화과로 생김새가
국화꽃과 닮았다. 예술가 윌리엄 모리스가
이 꽃을 모티브로 한 텍스타일을 만들었다.

만드는 법 > 91쪽   도안 > 137쪽

32 마시멜로
Marsh Mallow

우리나라에서는 '양아욱'이라고도 한다. 과자 마시멜로의 어원이 된 꽃이다. 영국, 덴마크, 독일 동부 등에 분포하며 1m 이상까지 자란다.

만드는 법 > 92쪽   도안 > 137쪽

33 유럽종 포도
Common Grape

원산지는 서남아시아에서부터 지중해 연안, 중앙 유럽, 모로코 등 넓은 지역에 걸쳐 있다. 일반적으로 습기가 많은 산림이나 계류에서 자생한다.

만드는 법 > 93쪽   도안 > 138쪽

34 밀보리
Wheat

밀, 보리, 호밀 등은 외양이 비슷한 볏과 곡물이다. 영문명 "Wheat"는 밀을 뜻한다. 밀은 밀가루의 원료다.

만드는 법 > 93쪽 도안 > 139쪽

35 콜히쿰
Meadow Saffron

고블릿 형태의 핑크색 꽃. 가을에 개화한 뒤, 땅 위의 짧은 줄기에서 넓은 잎이 자란다. '오텀 크로커스'라고 하기도 한다.

만드는 법 > 94쪽   도안 > 139쪽

36 올리브
Olive

지중해 지방이 원산지로, 비교적 건조한 환경에서도 잘 자라 스페인이나 이탈리아 등 지중해 연안에서 재배된다. 열매는 오일이나 피클 등에 사용한다.

만드는 법 > 94쪽   도안 > 140쪽

올리브로 꾸민 선물 상자. 선물 상자의 옆면은 이 책에 실린 도안을 축소하여 꾸몄다.

가을꽃 만들기

8~12쪽을 참고하고 136~140쪽의 도안을 준비하여 만들어보세요.

30 스카비오사

완성작 > 80쪽   도안 > 136쪽

1 꽃잎에 가위집을 넣은 다음, 가위집 부분의 귀퉁이를 둥글게 자른다.

2 1의 꽃잎을 뒤집어 반대쪽 귀퉁이도 둥글게 자른다.

3 가위집을 넣은 부분을 접은 선에 맞춰 앞쪽으로 접는다.

4 꽃잎을 펼쳐 도안의 자르는 선을 따라 자른다.

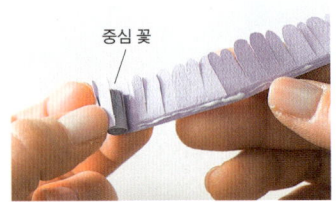

5 12쪽을 참고하여 중심 꽃을 만든다. 4의 꽃잎 아랫부분에 접착제를 바른 다음, 끝부분에 중심 꽃을 놓고 돌돌 감는다.

6 바깥쪽 꽃잎을 펼친 다음, 사진과 같이 이쑤시개를 대고 둥글리기 한다.

7 중심의 꽃잎은 손가락으로 벌린다. 같은 방법으로 꽃 4개를 더 만든다.

8 접은 펠트 위에 꽃봉오리를 올려놓고 끝이 둥근 도구로 문질러 입체감을 준다.

9 꽃받침을 둥글리기 한 다음, 8의 꽃봉오리에 붙인다. 완성작을 보면서 바탕 종이에 줄기, 꽃, 꽃봉오리, 꽃을 차례차례 붙인다.

31
갯개미취

완성작 > 82쪽   도안 > 137쪽

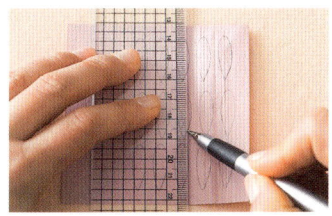

1 꽃잎을 그린 종이를 오리기 전에 자를 대고 세로로 잎맥을 긋는다.

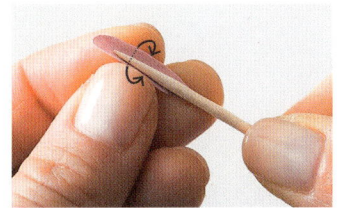

2 1의 꽃잎을 오려낸 다음, 사진과 같이 이쑤시개를 대고 둥글리기 한다.

3 사진과 같이 꽃잎 윗부분에도 이쑤시개를 대고 둥글리기 한다.

4 꽃 토대에 꽃잎 12장을 한 바퀴 둘러 붙인다. 먼저 4장을 십자 모양으로 붙인다.

5 꽃잎과 꽃잎 사이에 2장씩 붙여 12장을 한 바퀴 둘러 붙인 모양으로 만든다.

6 두 바퀴째도 4~5와 같은 방법으로 아래쪽 꽃잎 끝이 보이도록 엇갈려 붙인다.

7 12쪽을 참고하여 꽃술을 만든 다음, 꽃 중심에 붙인다. 같은 방법으로 꽃 2개를 더 만든다. 완성작을 보면서 바탕 종이에 줄기, 잎, 꽃을 차례차례 붙인다.

32
마시멜로

완성작 > 83쪽   도안 > 137쪽

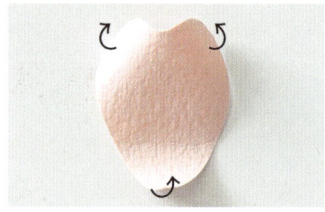

1 꽃잎에 젓가락을 대고 둥글리기 한다.

2 꽃받침의 움푹 들어간 5곳에 꽃잎을 붙인다.

3 꽃잎 5장을 붙인 모습.

4 12쪽을 참고하여 꽃술을 만든 다음, 꽃 중심에 붙인다. 같은 방법으로 꽃 2개를 더 만든다.

5 잎 가운데의 엠보싱 선에서 가지를 뻗치듯이 잎맥을 긋고 둥글리기 한다. 줄기에 둥글게 입체감을 준다. 완성작을 보면서 바탕 종이에 줄기, 잎, 꽃을 차례차례 붙인다.

33
유럽종 포도

완성작 > 84쪽   도안 > 138쪽

1 잎 가운데의 엠보싱 선에서 가지를 뻗치듯이 잎맥을 긋는다.

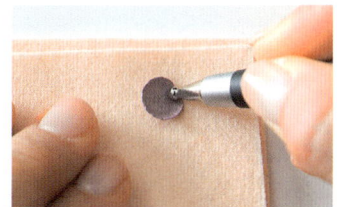

2 접은 펠트 위에 열매를 올려놓고 끝이 둥근 도구로 문질러 입체감을 준다.

3 젓가락에 수염을 감아 컬을 만든다. 완성작을 보면서 바탕 종이에 덩굴, 잎, 열매, 수염을 차례차례 붙인다.

34
밀보리

완성작 > 86쪽   도안 > 139쪽

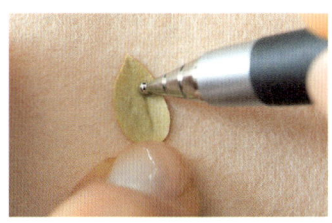

1 접은 펠트 위에 낟알을 올려놓고 끝이 둥근 도구로 문질러 입체감을 준다. 세로로 2~3줄 잎맥을 긋는다.

2 1의 잎맥을 그은 면에 수염을 한 가닥 붙인다.

3 잎에 세로로 길게 잎맥을 긋고 젓가락으로 둥글리기 한다. 줄기도 둥글게 입체감을 준다. 완성작을 보면서 바탕 종이에 줄기, 잎, 수염 붙인 낟알을 차례차례 붙인다.

35
콜히쿰

완성작 > 87쪽 도안 > 139쪽

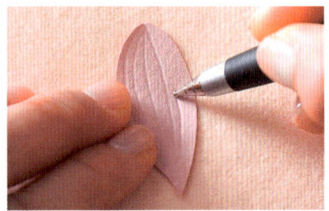

1 꽃잎(대, 소)에 세로로 잎맥을 긋는다.

2 사진과 같이 1의 꽃잎(대, 소)에 젓가락을 대고 둥글리기 한다.

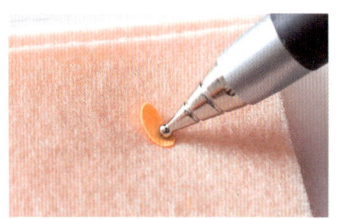

3 접은 펠트 위에 꽃밥을 올려놓고 끝이 둥근 도구로 문질러 입체감을 준다. 줄기도 둥글게 입체감을 준다. 완성작과 139쪽의 꽃잎 붙이는 순서를 보면서 바탕 종이에 줄기, 꽃잎, 꽃밥을 차례차례 붙인다.

36
올리브

완성작 > 88쪽 도안 > 140쪽

1 접은 펠트 위에 열매를 올려놓고 끝이 둥근 도구로 문질러 입체감을 준다.

2 사진과 같이 잎에 젓가락을 대고 둥글리기 한다. 완성작을 보면서 바탕 종이에 줄기, 잎, 열매를 차례차례 붙인다.

Winter

겨울꽃

내추럴한 리스에 크리스마스로즈와
유럽호랑가시나무(104쪽)를 장식한
크리스마스 리스.

37 크리스마스로즈
Hellebore

원산지는 유럽과 지중해 연안. 크리스마스 때 꽃이 피기 때문에 지어진 이름이다. 꽃처럼 보이는 부분은 식물학상으로 꽃이 아니라 꽃받침 조각이다.

만드는 법 > 107쪽   도안 > 140쪽

38 노랑너도바람꽃
Winter Aconite

'겨울바람꽃'이라고도 한다. 원산지는 중앙 및 동유럽이며, 아일랜드와 스칸디나비아의 대양을 제외한 유럽 북서부에서 자란다.

만드는 법 > 108쪽   도안 > 141쪽

액자에 넣어 장식하면 인테리어 포인트가 된다.

39 시클라멘
Cyclamen

지중해 연안이 원산지. 다른 이름인 '소브 레드'는 '돼지의 빵'이라는 의미다. 유럽에서는 돼지가 시클라멘의 뿌리를 곧잘 파먹는다고 해서 지어진 이름이다.

만드는 법 > 109쪽   도안 > 141쪽

40 프림로즈
Primrose

꽃은 깊게 갈라진 5장의 꽃잎으로 이루어졌다. 스코틀랜드에서는 겨울 끝자락에 봄을 알리는 꽃으로 잘 알려져 있다.

만드는 법 > 110쪽 도안 > 142쪽

41 치오노독사
Glory of the Snow

일본에서는 '유키게유리(雪解百合)'라고 하는데, 추위에 강해 눈이 녹은 고산에 피어 있던 것에서 유래된 이름이라고 한다.

만드는 법 > 111쪽 도안 > 142쪽

42 유럽호랑가시나무
Europen Holly

크리스마스 장식에 빠질 수 없는 식물이다. 겨울에 눈에 띄는 빨간 열매를 맺기 때문에 유럽에서는 예로부터 성스러운 나무로 여겼다고 한다.

만드는 법 > 112쪽 도안 > 143쪽

43 스노드롭
Snowdrop

유럽 남부에서부터 그리스, 터키 남부에 분포한다. 고개를 떨군 듯 가련한 모습의 꽃 덕분에 유럽에서는 열광적인 애호가가 있을 정도라고 한다.

만드는 법 > 112쪽   도안 > 143쪽

겨울꽃 만들기

8~12쪽을 참고하고 140~143쪽의 도안을 준비하여 만들어보세요.

37
크리스마스로즈

완성작 > 97쪽   도안 > 140쪽

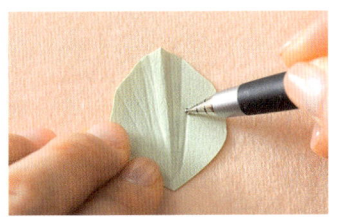

1 꽃잎에 방사형으로 잎맥을 긋는다.

2 꽃잎에 젓가락을 대고 둥글리기 한다.

3 꽃 토대 위쪽에 꽃잎 2장을 살짝 겹쳐서 붙이고, 아래쪽에 1장을 붙인다.

4 비어 있는 곳에 꽃잎 2장을 더 붙인다.

5 12쪽을 참고하여 꽃술 심을 돌돌 만 다음, 심을 감싸듯이 꽃술을 만든다. 같은 방법으로 꽃 2개를 더 만든다.

6 잎 가운데의 엠보싱 선에서 가지를 뻗치듯이 잎맥을 긋는다.

7 사진과 같이 잎에 젓가락을 대고 둥글리기 한다. 줄기에 둥글게 입체감을 준다. 완성작을 보면서 바탕 종이에 줄기, 잎, 꽃을 차례차례 붙인다.

38
노랑너도바람꽃

완성작 > 98쪽   도안 > 141쪽

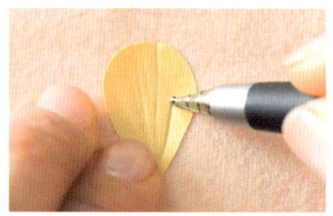

1 꽃잎에 방사형으로 잎맥을 긋는다.

2 꽃잎에 젓가락을 대고 둥글리기 한다.

3 꽃 토대에 꽃잎 3장을 같은 간격으로 붙인다.

4 꽃잎과 꽃잎 사이에 1장씩 더 붙인다. 6장을 한 바퀴 둘러 붙인 모양.

5 12쪽을 참고하여 꽃술을 만든 다음, 꽃 중심에 붙인다.

6 포엽(A, B)에 세로로 2~3줄 잎맥을 긋는다.

7 사진과 같이 포엽(A, B)에 젓가락을 대고 둥글리기 한다.

8 포엽 토대에 포엽(A, B) 총 13장을 언밸런스하게 붙인다.

9 8의 중심에 5의 꽃을 붙인다. 같은 방법으로 꽃 1개를 더 만든다. 줄기에 둥글게 입체감을 준다. 완성작을 보면서 바탕 종이에 줄기, 꽃을 차례차례 붙인다.

39
시클라멘

완성작 > 101쪽   도안 > 141쪽

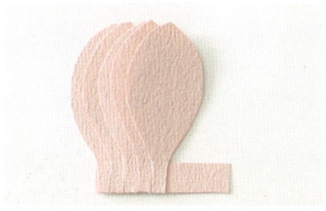

1. 사진과 같이 꽃 토대에 꽃잎 5장을 나란히 붙인다.

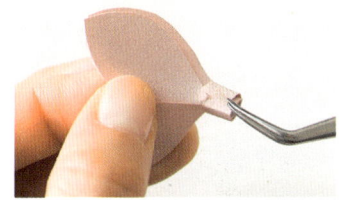

2. 꽃 토대 끝에 접착제를 바른 다음, 핀셋으로 돌돌 말아 고정한다.

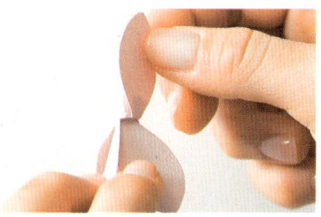

3. 꽃잎을 1장씩 반대쪽으로 접어 올린다.

4. 5장의 꽃잎을 접어 올리면 꽃술이 있는 꽃이 된다.

5. 사진과 같이 꽃잎에 젓가락을 대고 둥글리기 한다.

6. 꽃잎 5장의 끝부분에 접착제를 바른 다음, 꽃잎이 벌어지지 않도록 꽃 토대(꽃술)에 고정한다. 같은 방법으로 꽃 2개를 더 만든다.

7. 잎에 가지를 뻗치듯이 잎맥을 긋는다. 완성작을 보면서 바탕 종이에 줄기, 잎, 꽃을 차례차례 붙인다.

40
프림로즈

완성작 > 102쪽   도안 > 142쪽

1 꽃 토대의 가위집 부분에 접착제를 바른 다음, 살짝 겹쳐서 고정한다.

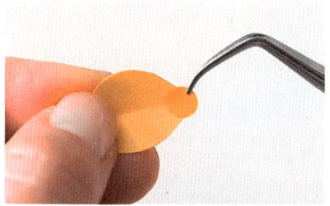

2 꽃의 문양을 꽃잎 끝부분에 붙인다. 20장 만든다.

3 튀어나온 부분을 잘라 정리한다.

4 3의 꽃잎에 젓가락을 대고 둥글리기 한다.

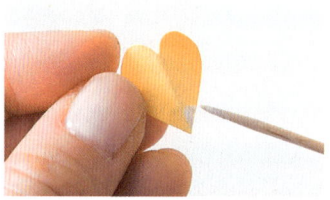

5 꽃잎 뒷면 끝부분 반쪽에만 접착제를 바른다.

6 1의 꽃 토대 오목한 면에 5의 꽃잎 5장을 살짝 겹쳐서 한 바퀴 둘러 붙인다.

7 접은 펠트 위에 6의 꽃을 올려놓고 송곳으로 꽃 중심에 구멍을 뚫는다. 같은 방법으로 꽃 3개를 더 만든다.

8 꽃봉오리를 만든다. 남은 2장의 꽃잎에 사진과 같이 젓가락을 대고 둥글리기 한다.

9 8의 아랫부분에 접착제를 바른 다음, 2장을 살짝 겹쳐서 고정한다.

10   9의 꽃봉오리 아랫부분에 꽃받침 2장을 사진과 같이 붙인다.

11   잎에 가지를 뻗치듯이 잎맥을 긋는다.

12   사진과 같이 잎에 젓가락을 대고 동글리기 한다. 완성작을 보면서 바탕 종이에 잎, 꽃, 꽃봉오리를 차례차례 붙인다.

41
치오노독사

완성작 > 103쪽   도안 > 142쪽

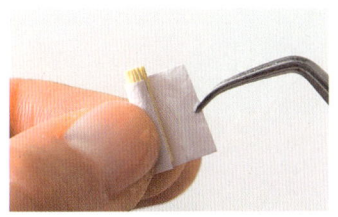

1   12쪽의 7까지 참고하여 꽃술을 만든다. 꽃술을 꽃술 싸개로 감싼 다음, 접착제로 고정한다.

2   튀어나온 꽃술 윗부분을 손가락으로 살짝 펼친다.

3   2의 꽃술에 접착제를 바른 다음, 꽃잎 1장에 붙인다.

4   2장의 꽃잎 끝부분에 접착제를 바른 다음, 3의 꽃술을 둘러싸듯 붙인다.

5   3장의 꽃잎 끝부분에 접착제를 바른 다음, 꽃잎과 꽃잎 사이에 각각 붙인다.

6   사진과 같이 꽃잎에 젓가락을 대고 동글리기 한다. 같은 방법으로 꽃 2개를 더 만든다. 완성작을 보면서 바탕 종이에 줄기, 잎, 꽃을 차례차례 붙인다.

42
유럽호랑가시나무

완성작 > 104쪽　도안 > 143쪽

1　잎 가운데의 엠보싱 선에서 사선으로 잎맥을 긋는다.

2　사진과 같이 잎에 젓가락을 대고 둥글리기 한다.

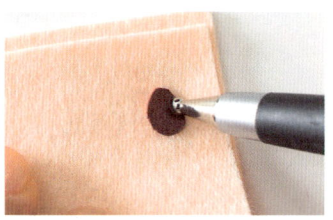

3　접은 펠트 위에 열매를 올려놓고 끝이 둥근 도구로 문질러 입체감을 준다. 완성작을 보면서 바탕 종이에 줄기, 잎, 열매를 차례차례 붙인다.

43
스노드롭

완성작 > 106쪽　도안 > 143쪽

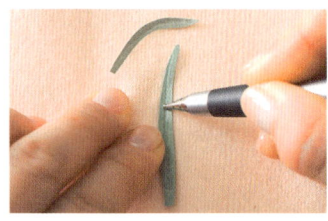

1　잎과 포엽의 중심에 잎맥을 한 줄 긋는다.

2　사진과 같이 꽃잎에 젓가락을 대고 둥글리기 한다.

3　꽃잎 2장을 살짝 엇갈려 고정한 다음, 아래쪽에 꽃받침을 붙인다. 완성작을 보면서 바탕 종이에 줄기, 잎, 포엽, 꽃을 차례차례 붙인다.

Pattern

도안

도안은 전부 실물 크기입니다. 8~9쪽을 참고하여 이용해주세요. 도안에는 네 종류의 선이 있는데, 각 페이지 오른쪽 위에 설명이 있습니다. '엠보싱 선'은 도안을 오리기 전에 철필 등 끝이 뾰족한 도구로 선을 따라 긋고 모양대로 오린 다음, 선을 따라 접었다 폅니다. '대칭형'은 2번 접은 다음, 형지에 옮겨 그립니다(옷 도안의 대칭과 동일).
완성작에 사용한 종이의 종류와 색을 명기해두었지만, 마음에 드는 종이와 색을 자유롭게 선택해도 좋습니다.

01 와일드튤립

완성작 > 18쪽   만드는 방법 > 30쪽

엠보싱 접는 선 ―――――
나중에 자르는 선 ----------
접는 선 ―― ――
대칭형 ··············

[단위 : cm]

사용한 종이
꽃잎 – 사토가미(황금)
잎·줄기 – 사토가미(볏짚)

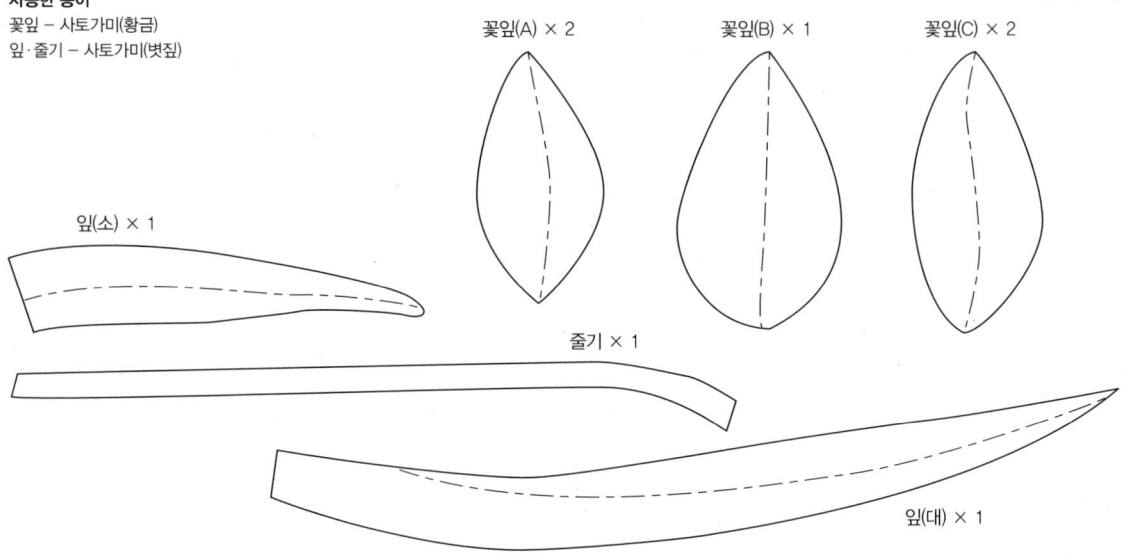

02 무스카리

완성작 > p.15   만드는 방법 > p.30

사용한 종이
꽃·꽃봉오리 – 사토가미(용담, 붓꽃)
잎·줄기 – NT 라샤(탁한 황록)

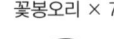

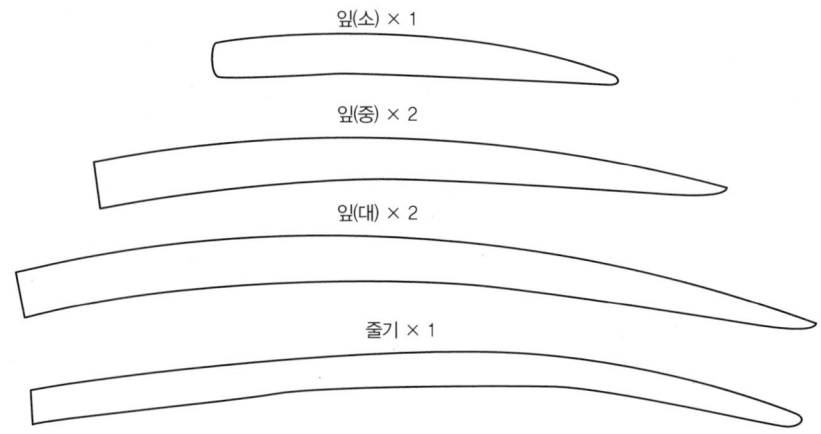

03 스위트피

완성작 > 16쪽   만드는 방법 > 31쪽

사용한 종이
꽃 – 탄트지(G-50, E-50)
잎·줄기·꽃받침 – 사토가미(오이)

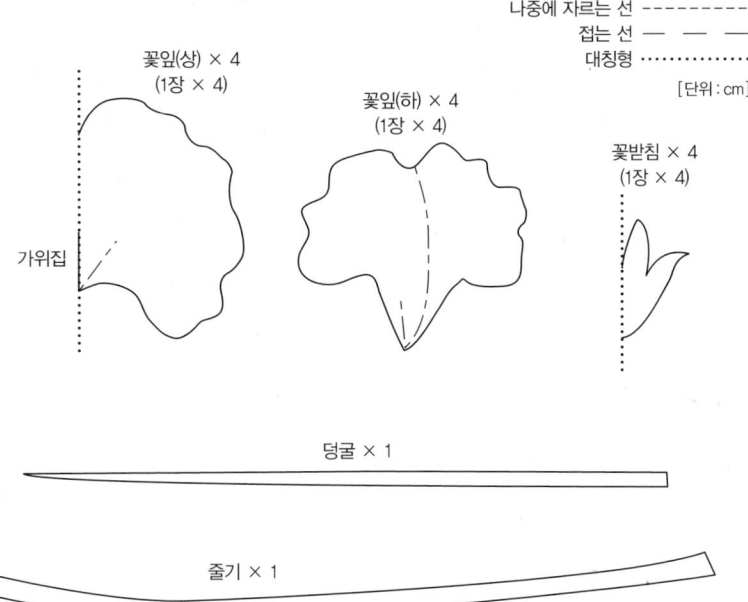

04 블루벨

완성작 > p.17   만드는 방법 > p.32

사용한 종이
꽃 – NT 라샤(등자)
잎·줄기 – 사토가미(풀고사리)

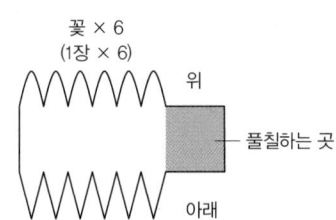

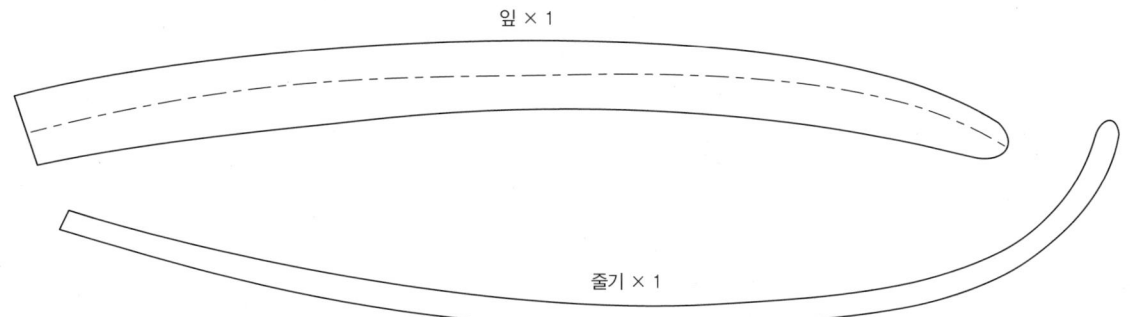

05 캐모마일

완성작 > 18쪽　만드는 법 > 33쪽

사용한 종이
꽃잎 – 머메이드지(내추럴)
꽃술 – 캔손지(400)
잎·줄기 – 사토가미(오이)

엠보싱 접는 선 — - — - -
나중에 자르는 선 - - - - - - - -
접는 선 —　—　—
대칭형 ················

[단위 : cm]

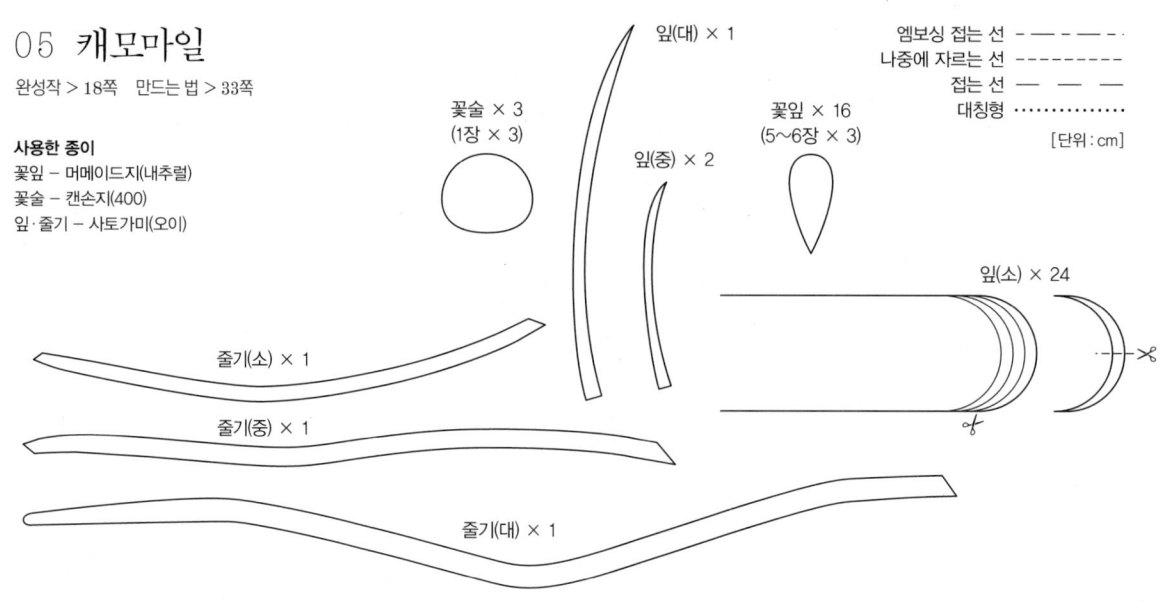

06 스위트바이올렛

완성작 > 19쪽　만드는 법 > 34쪽

사용한 종이
꽃잎 – 사토가미(기교, 붓꽃)
잎맥 – 사토가미(명주)
잎·줄기 – 사토가미(풀고사리)

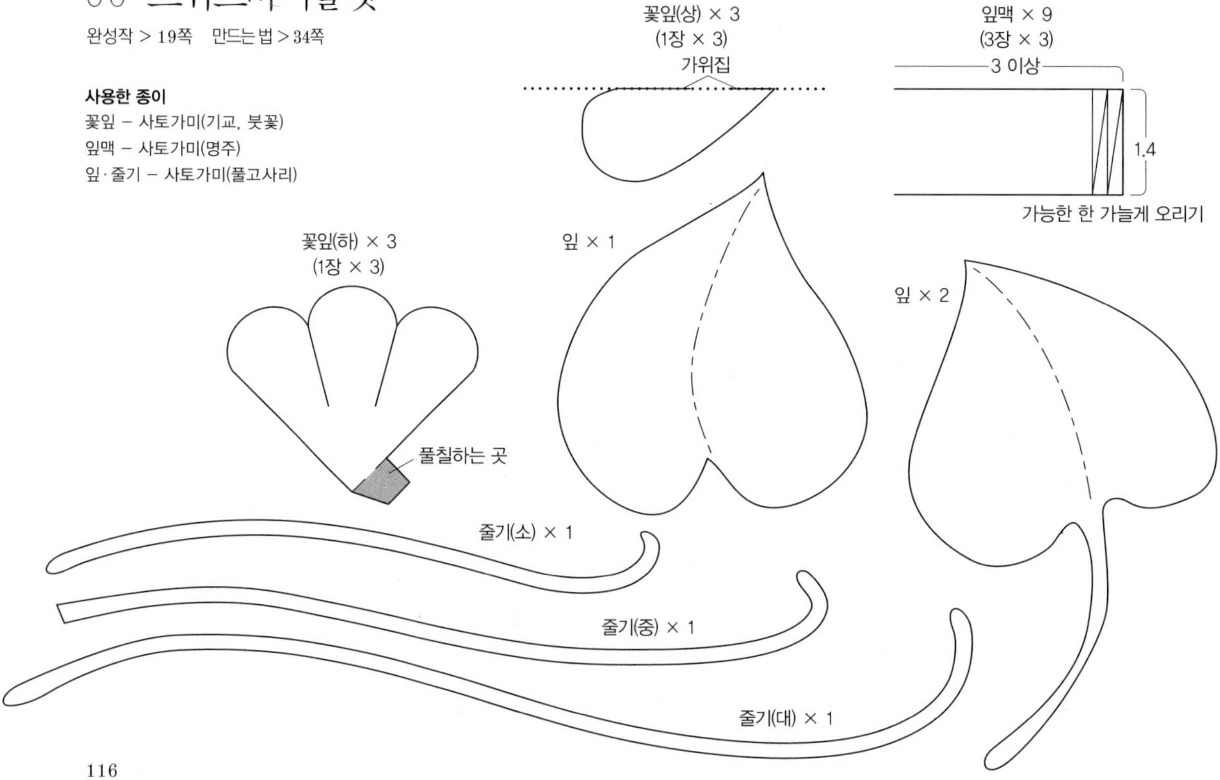

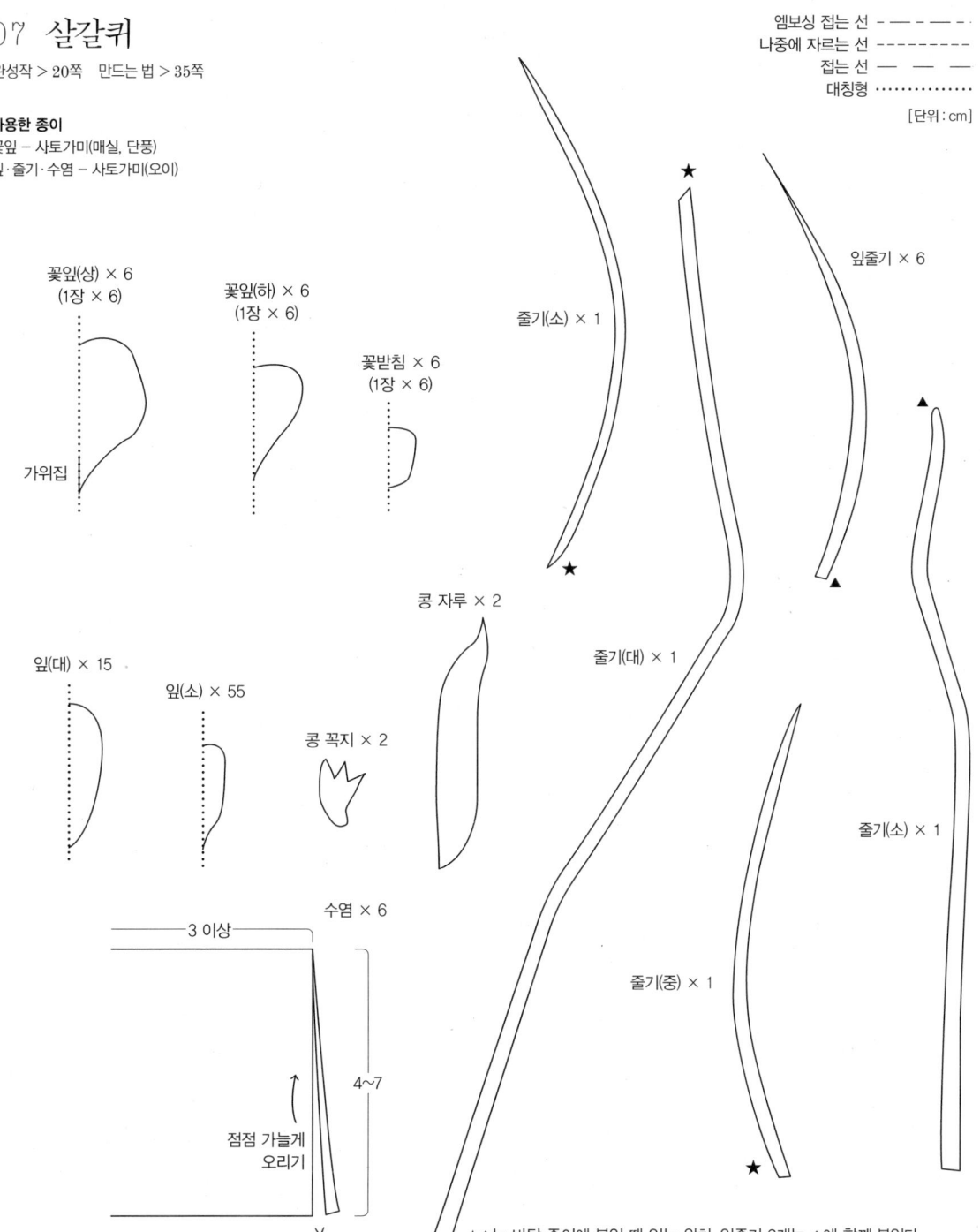

08 레서셀란딘

완성작 > 22쪽 만드는 법 > 36쪽

사용한 종이
꽃잎·꽃 토대 – 사토가미(황금)
꽃받침 – 사토가미(오이)
잎·줄기 – NT 라샤(탁한 초록)

엠보싱 접는 선 ――――
나중에 자르는 선 --------
접는 선 ― ― ―
대칭형 ············

[단위 : cm]

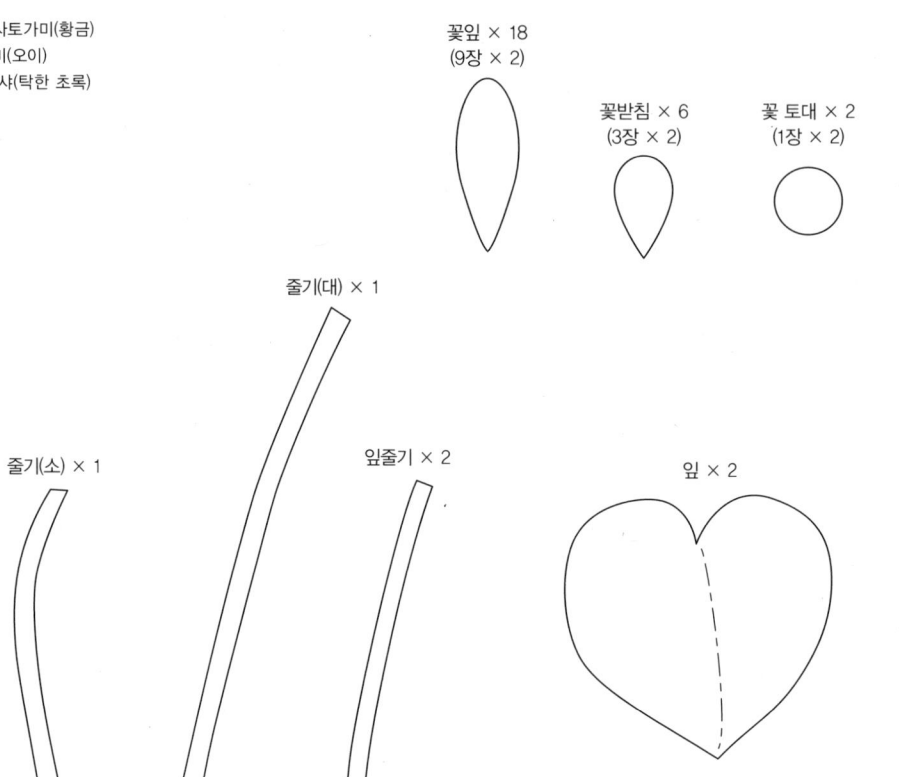

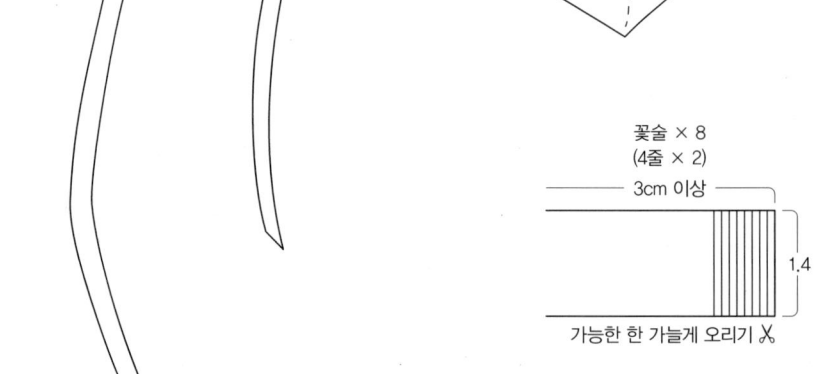

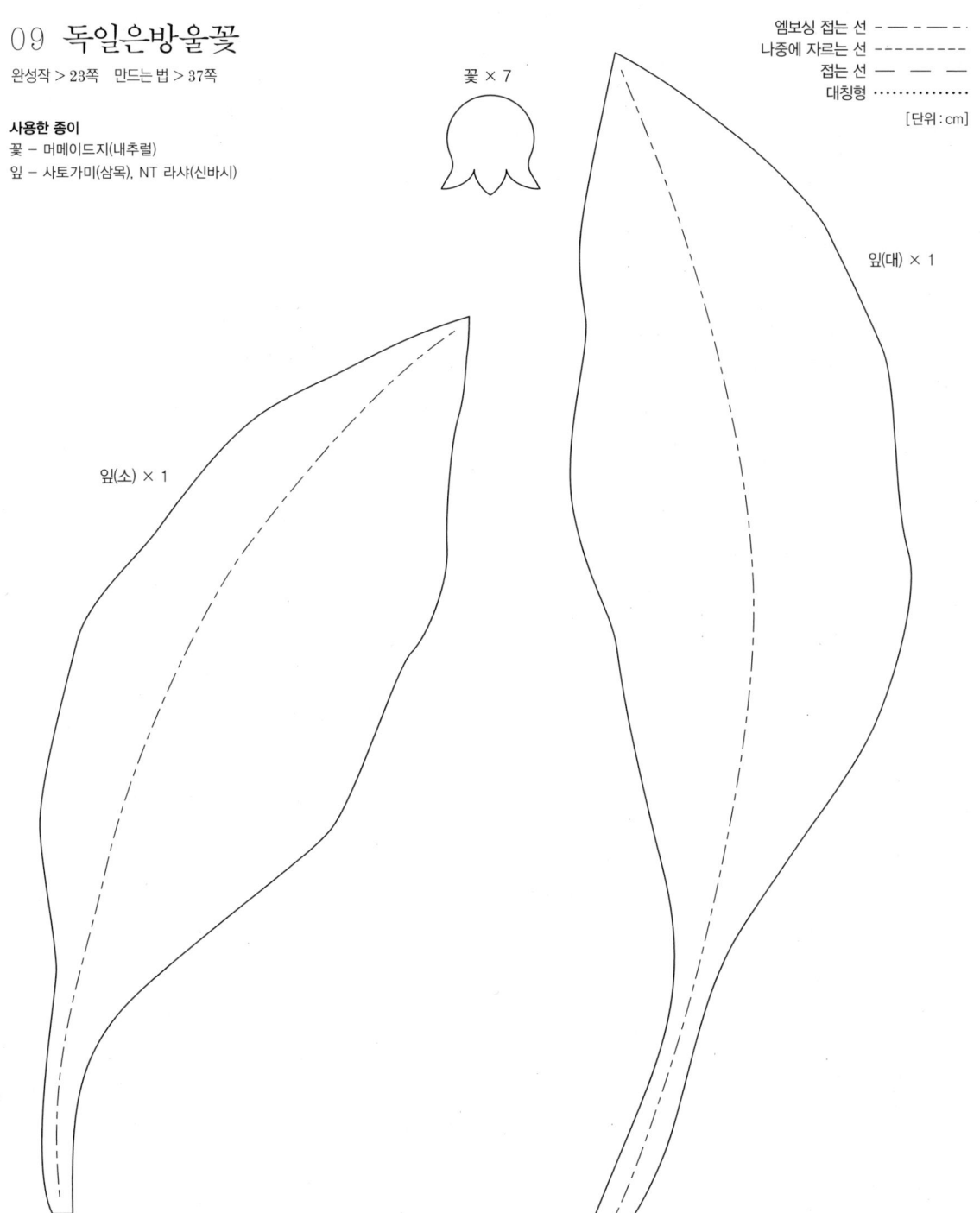

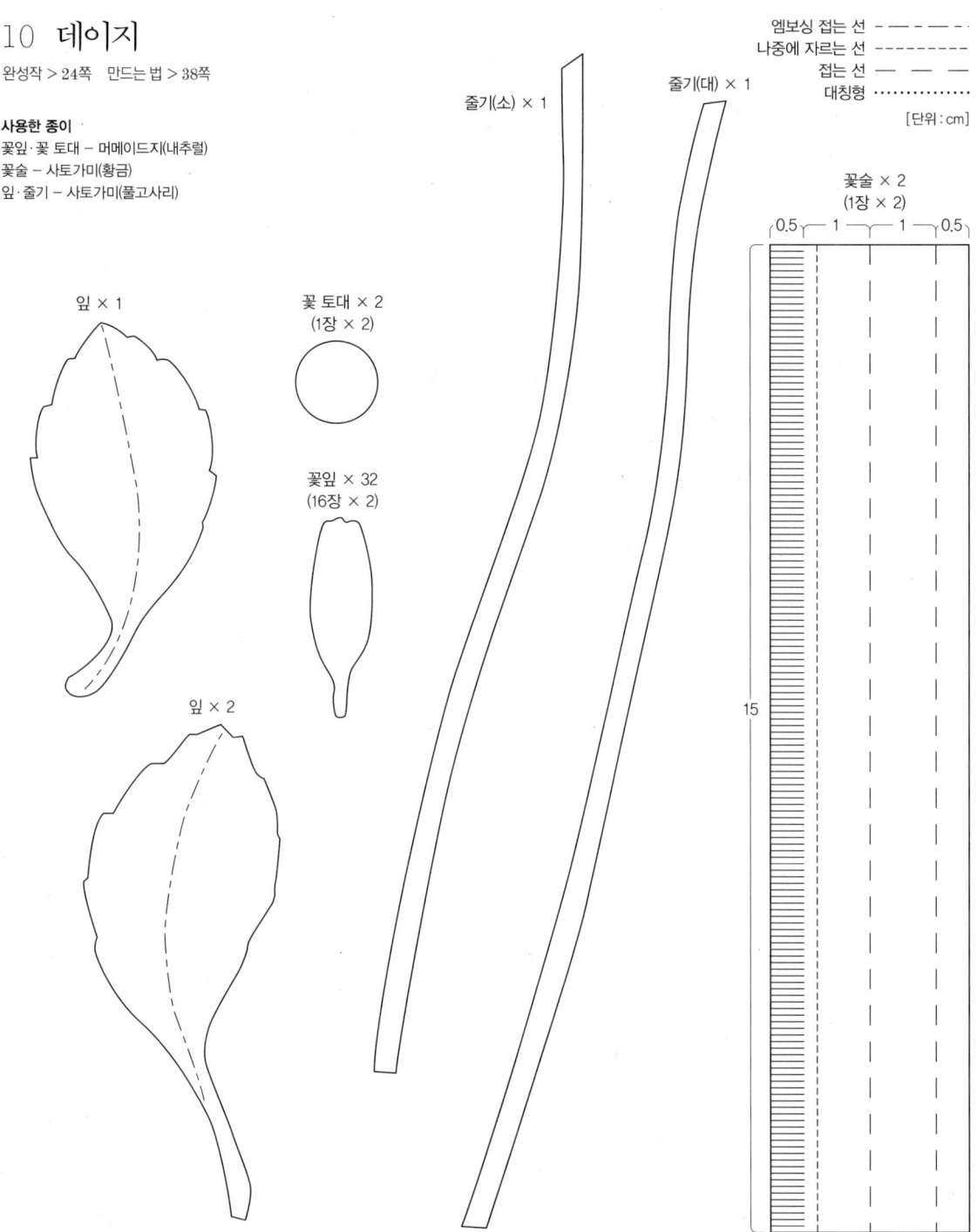

11 매발톱꽃

완성작 > 26쪽 만드는 법 > 39쪽

사용한 종이
꽃잎·꽃 토대 − 머메이드지(보라, 내추럴),
   탄트지(L-72)
꽃술 − 탄트지(Y-13)
잎 − 사토가미(삼목)
줄기 − 사토가미(볏짚)

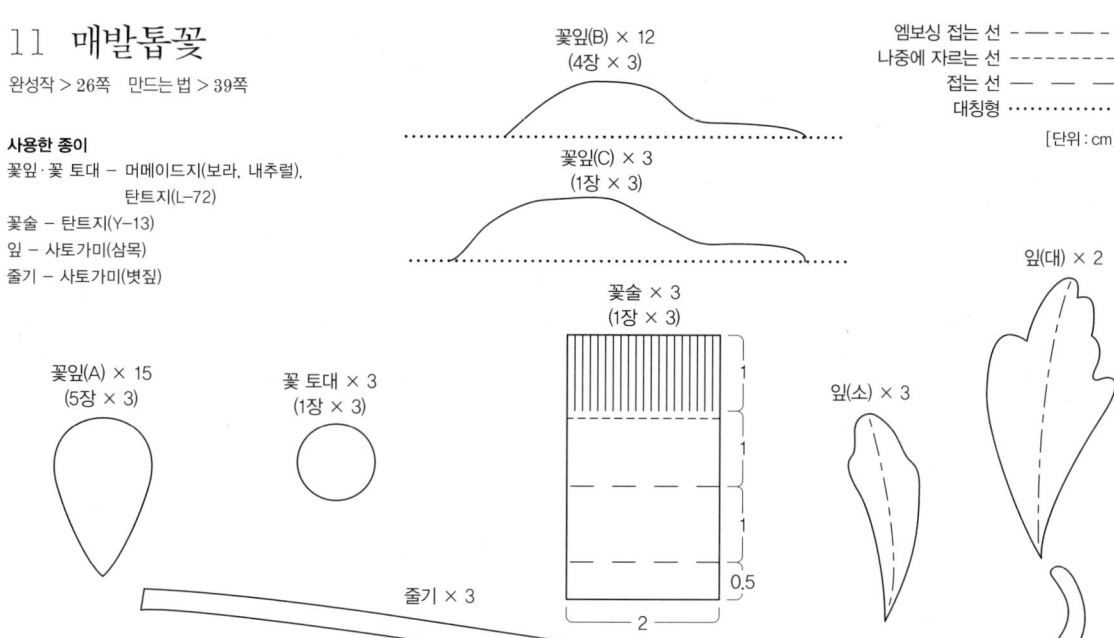

12 알리아리아

완성작 > 27쪽 만드는 법 > 40쪽

사용한 종이
꽃 − 탄트지(O-61)
꽃술 − 사토가미(황금)
잎·줄기 − 사토가미(오이)

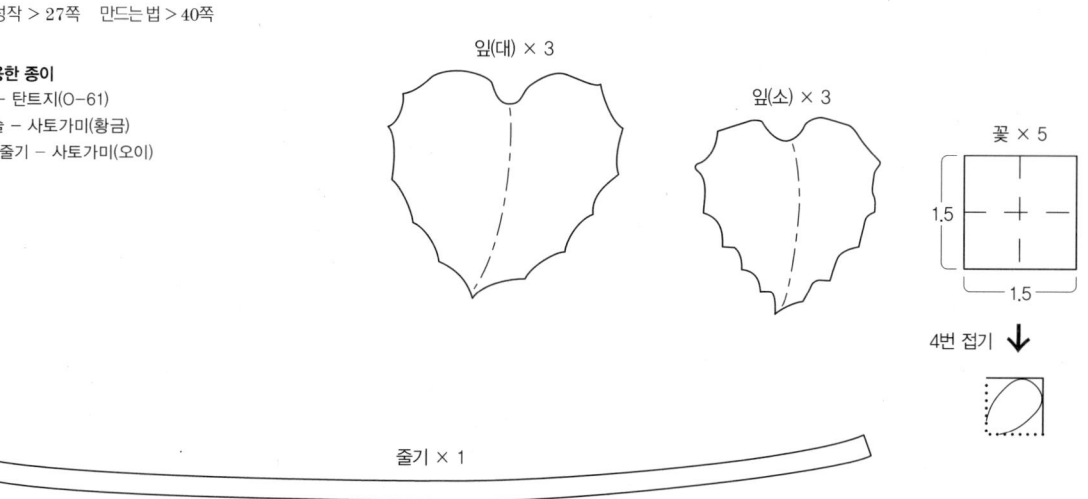

13 블루우드러프

완성작 > 28쪽 만드는 법 > 40쪽

사용한 종이
꽃 – 탄트지(L-71)
잎 – 사토가미(대나무)

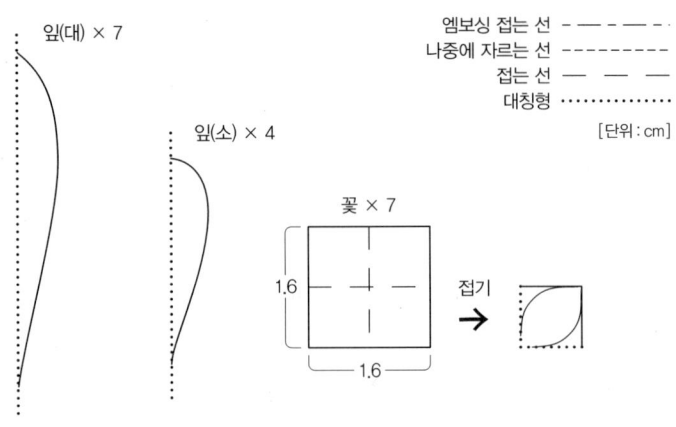

14 아르메리아

완성작 > 29쪽 만드는 법 > 41쪽

사용한 종이
꽃잎 – 탄트지(L-73)
꽃받침 – 사토가미(오이)
잎·줄기 – 사토가미(풀고사리)

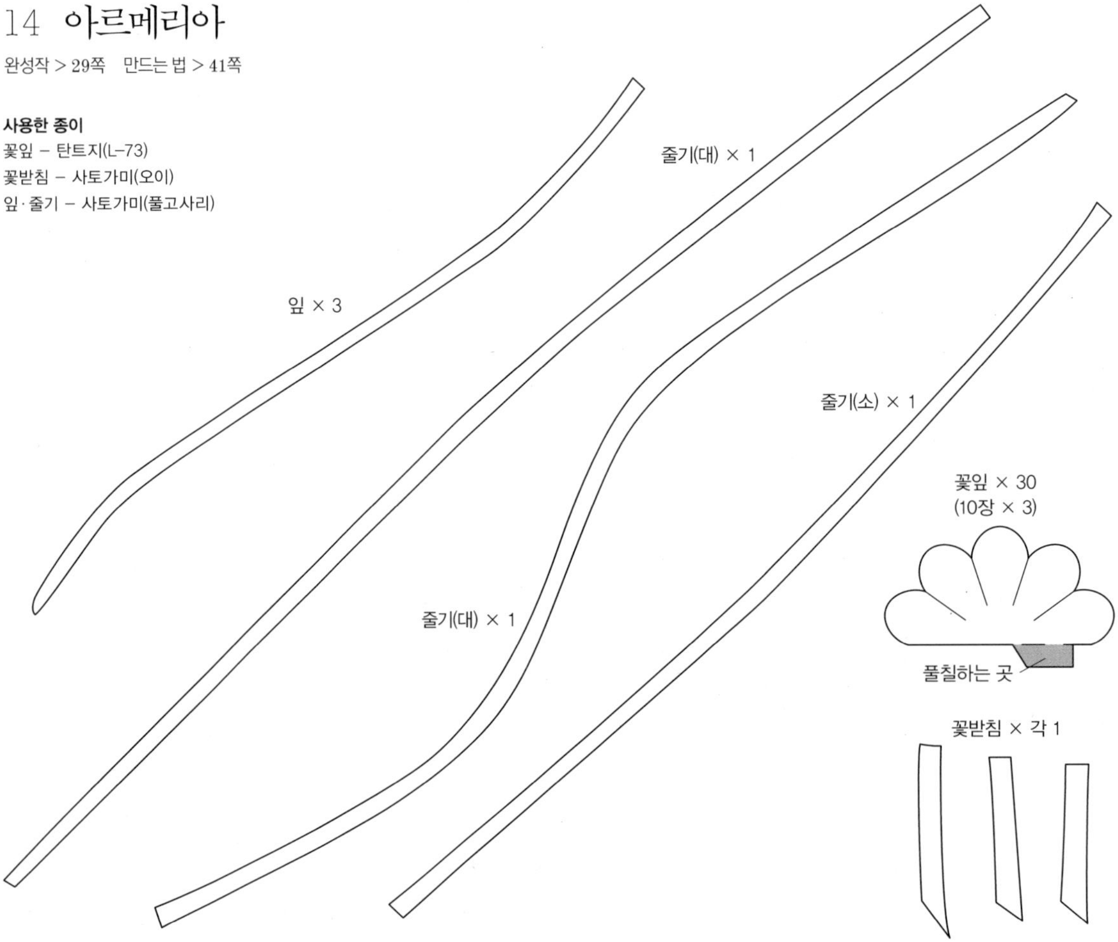

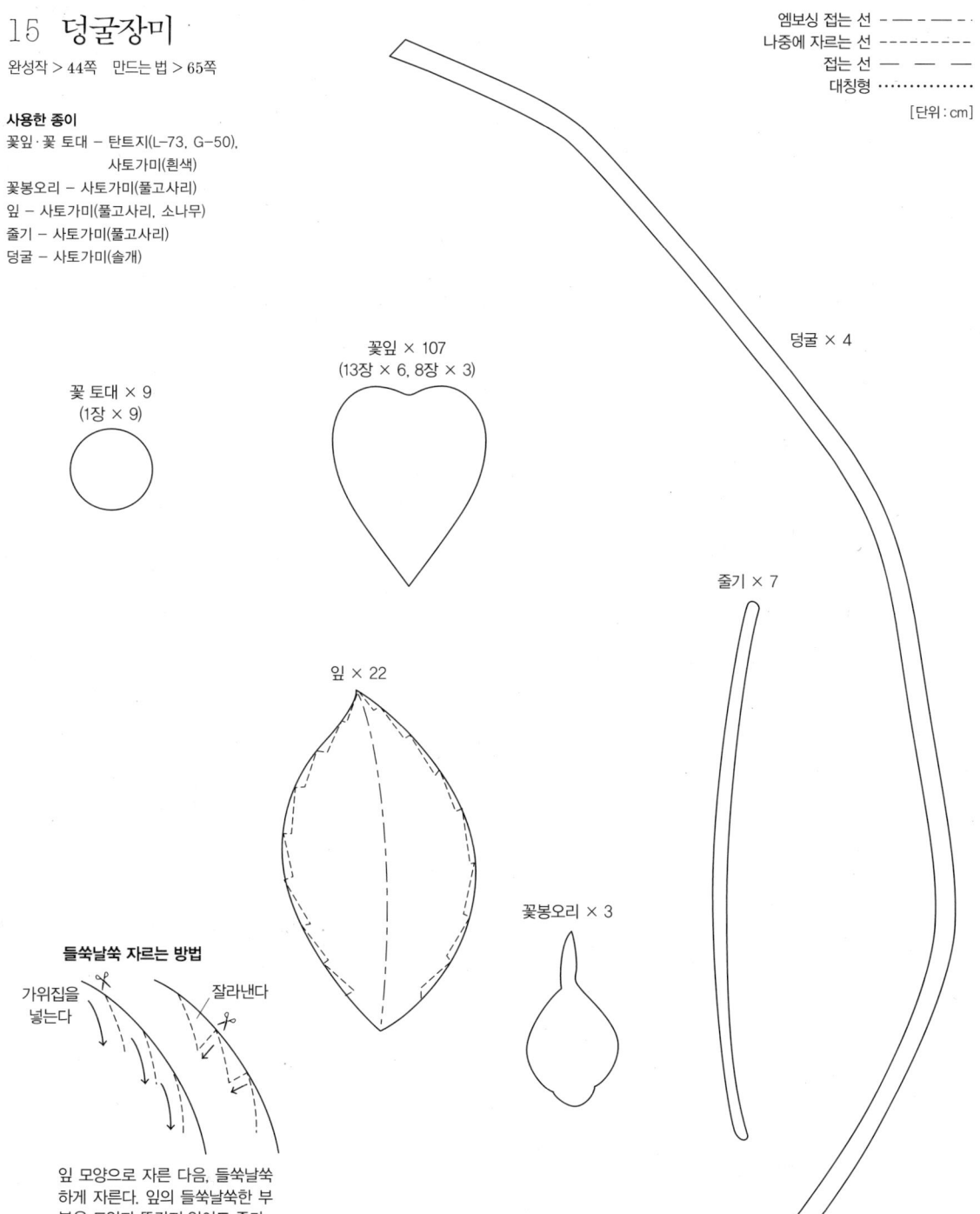

16 버터컵

완성작 > 46쪽 만드는 법 > 66쪽

사용한 종이
꽃잎·꽃 토대·꽃술 – 사토가미(황금)
잎·꽃봉오리 – NT 라샤(탁한 황록)
줄기 – 탄트지(G-63)

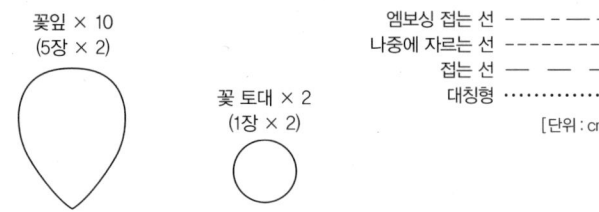

꽃잎 × 10
(5장 × 2)

꽃 토대 × 2
(1장 × 2)

엠보싱 접는 선 ———
나중에 자르는 선 - - - - -
접는 선 — — —
대칭형 ·········

[단위 : cm]

꽃술 × 2
(1장 × 2)

0.5
1
1
0.5

4.5

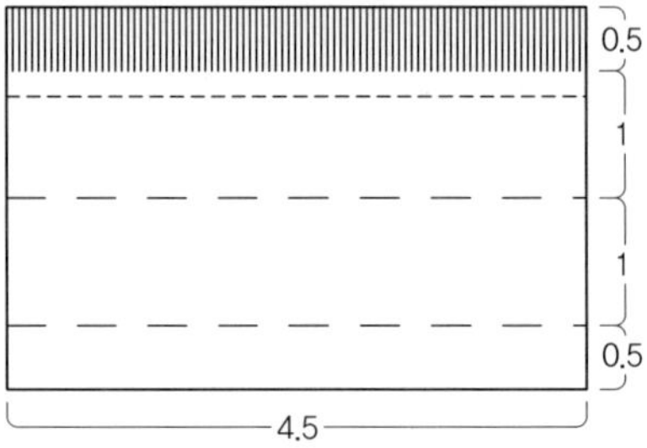

줄기(대) × 1

줄기(중) × 1

잎(대) × 3

꽃봉오리 × 1

잎(소) × 3

줄기(소) × 1

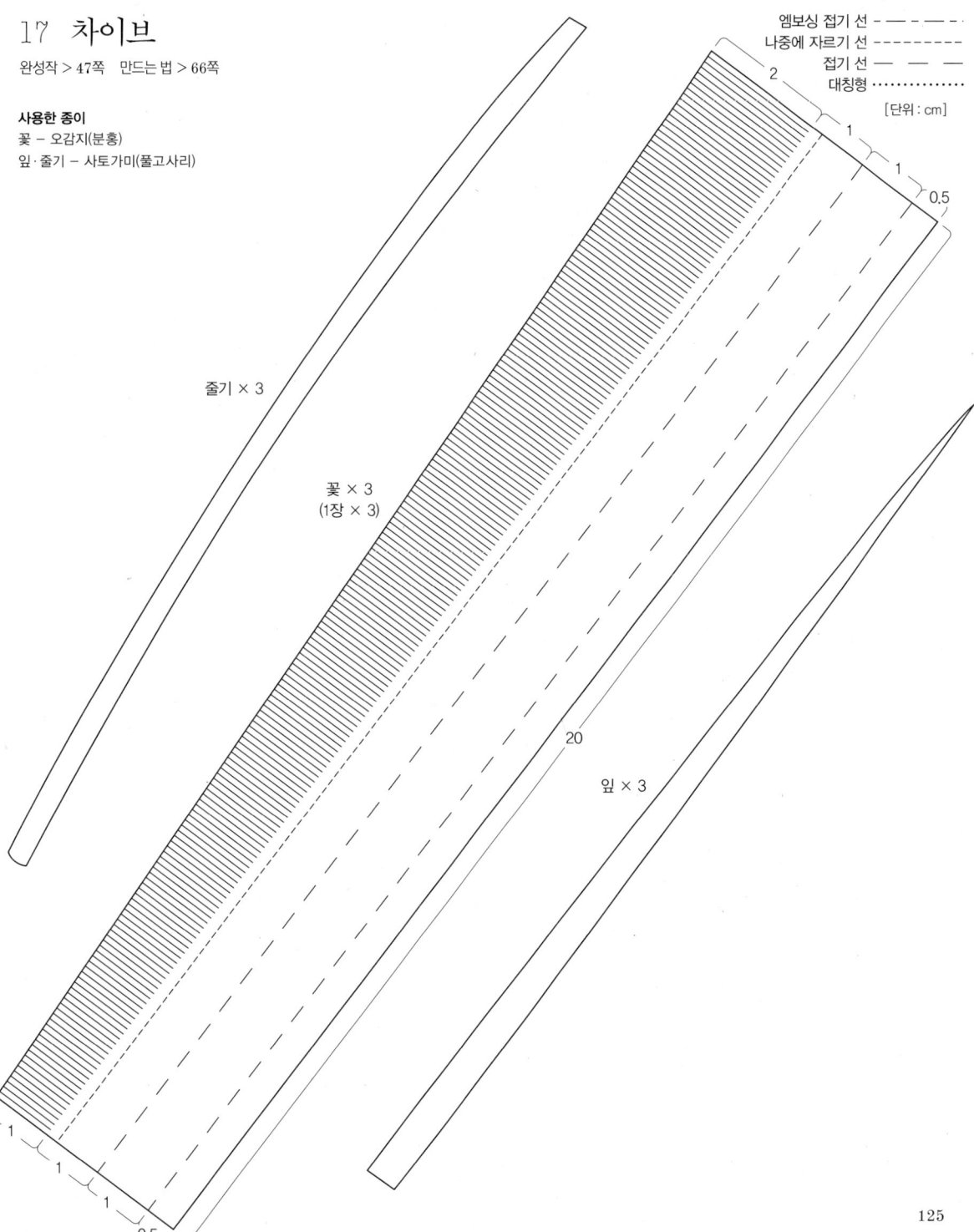

18 레드클로버

완성작 > 48쪽   만드는 법 > 67쪽

사용한 종이
꽃잎 – 사토가미(매실, 단풍)
잎 – 캔손지(480)
줄기 – 탄트지(G-63)

엠보싱 접는 선 ―――――
나중에 자르는 선 ---------
접는 선 ― ― ―
대칭형 ·············

[단위 : cm]

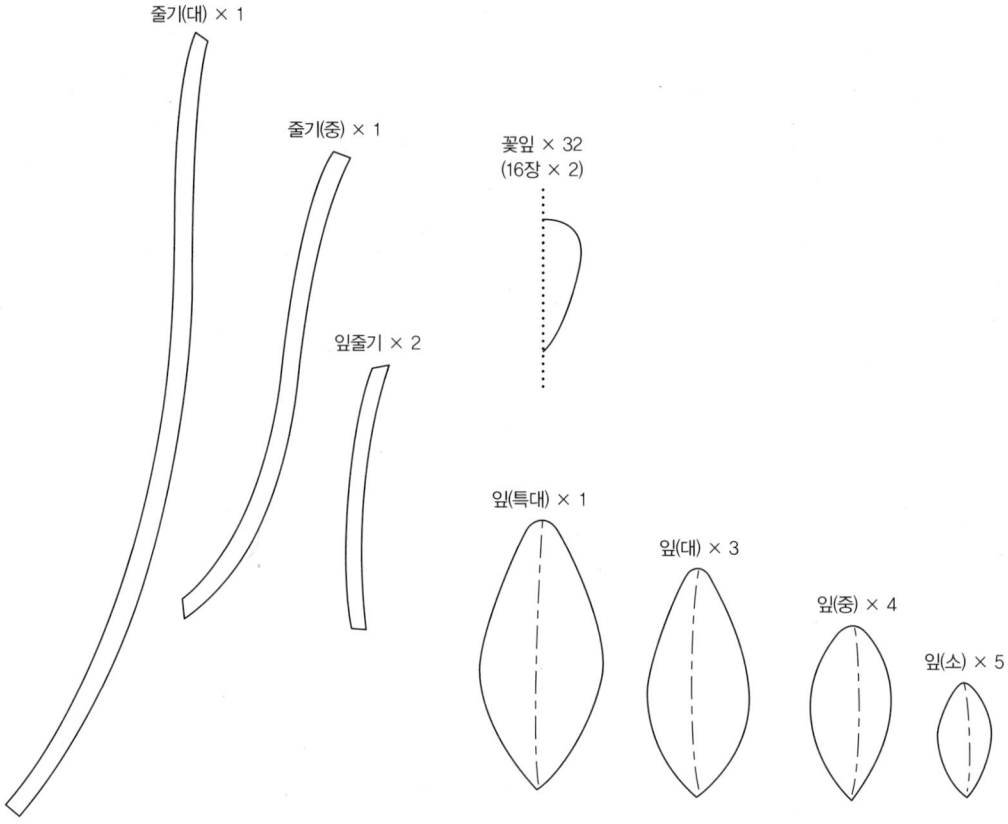

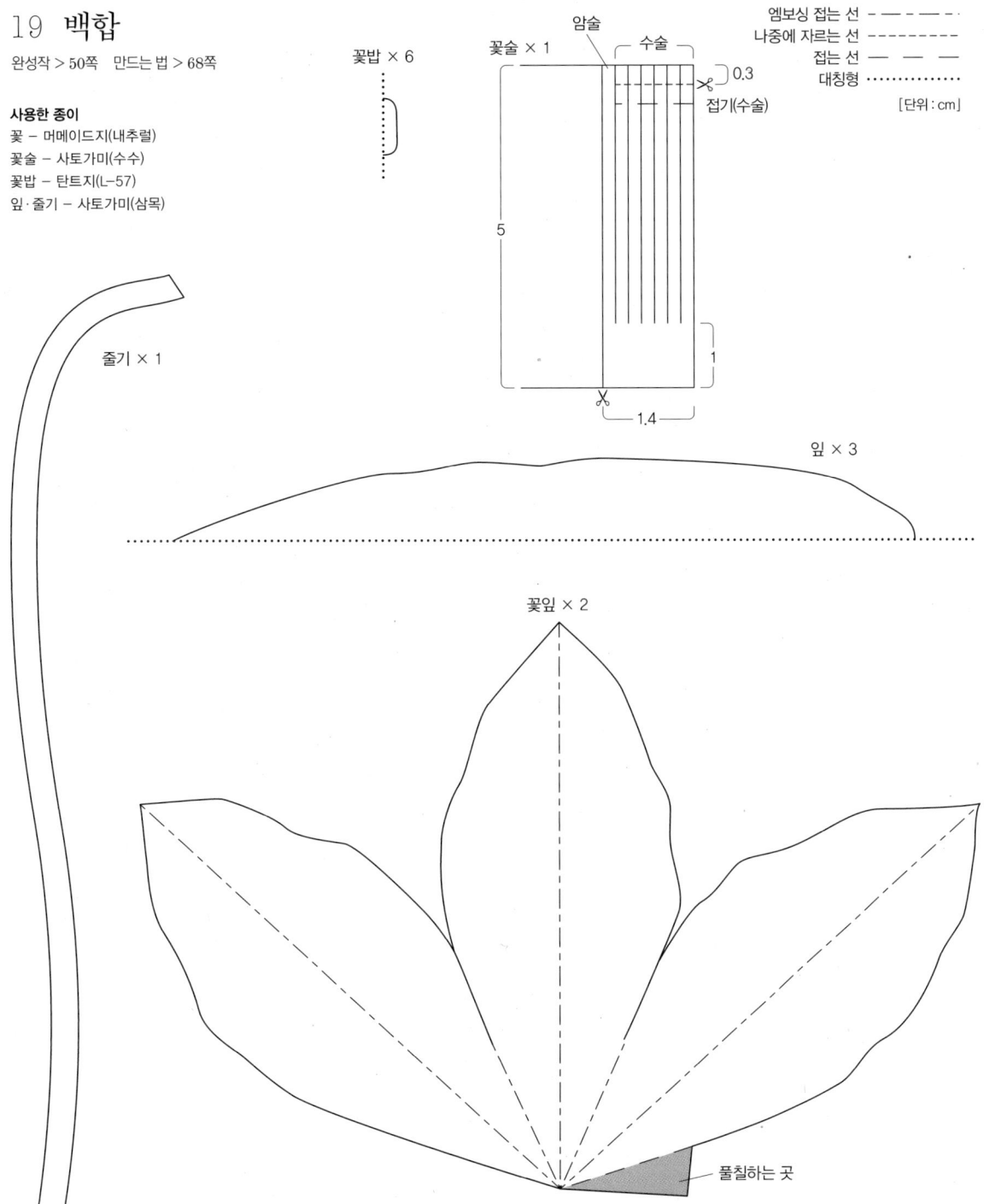

20 까치밥나무

완성작 > 51쪽 만드는 법 > 69쪽

사용한 종이
열매 – 머메이드지(다홍),
　　　사토가미(단풍, 살구)
잎 – NT 라샤(탁한 황록)
줄기 – 사토가미(닥나무)

엠보싱 접는 선 ―·―·―
나중에 자르는 선 - - - - -
접는 선 ― ― ―
대칭형 ·········

[단위 : cm]

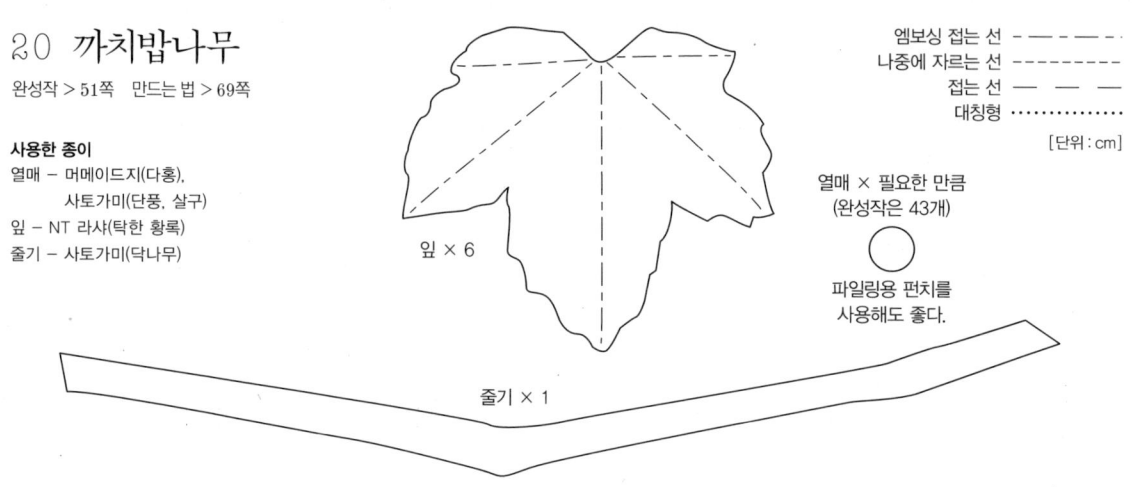

잎 × 6

열매 × 필요한 만큼
(완성작은 43개)

파일링용 펀치를
사용해도 좋다.

줄기 × 1

---

21 장미

완성작 > 52쪽 만드는 법 > 70쪽

사용한 종이
꽃잎·중심 꽃·꽃 토대 – 탄트지(G-52), 캔손지(352)
잎·줄기·가시 – 탄트지(D-61), NT 라샤(올리브)

중심 꽃 × 1

가시 × 필요한 만큼
(완성작은 6개)

꽃 토대 × 1

풀칠하는 곳

잎 × 6

꽃잎(A) × 5

꽃잎(B, C) × 9

들쑥날쑥 자르는 방법

가위집을 넣는다 / 잘라낸다

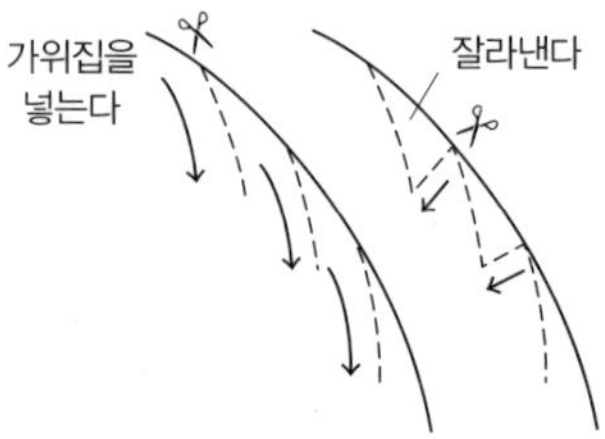

잎 모양으로 자른 다음, 들쑥날쑥
하게 자른다. 잎의 들쑥날쑥한 부
분은 도안과 똑같지 않아도 좋다.

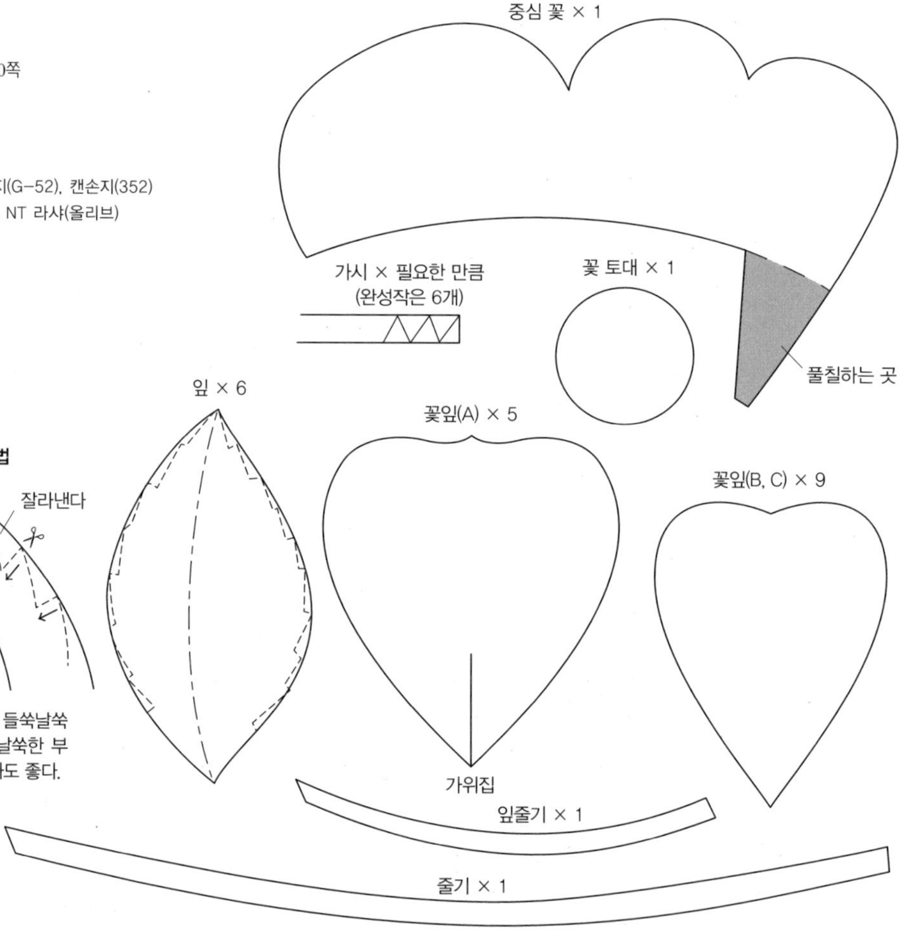

가위집

잎줄기 × 1

줄기 × 1

22 라벤더

완성작 > 53쪽　만드는 법 > 71쪽

사용한 종이
꽃 – 사토가미(붓꽃, 기교)
잎·줄기 – 사토가미(소나무)

엠보싱 접는 선 ᴠ────
나중에 자르는 선 ----------
접는 선 ── ── ──
대칭형 ··············

[단위 : cm]

줄기(대) × 1

줄기(소) × 1

꽃
1대의 꽃 × 20〜40
(완성작은 합계 58)

잎(대) × 2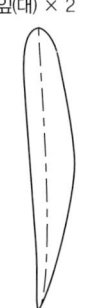

잎(소) × 2

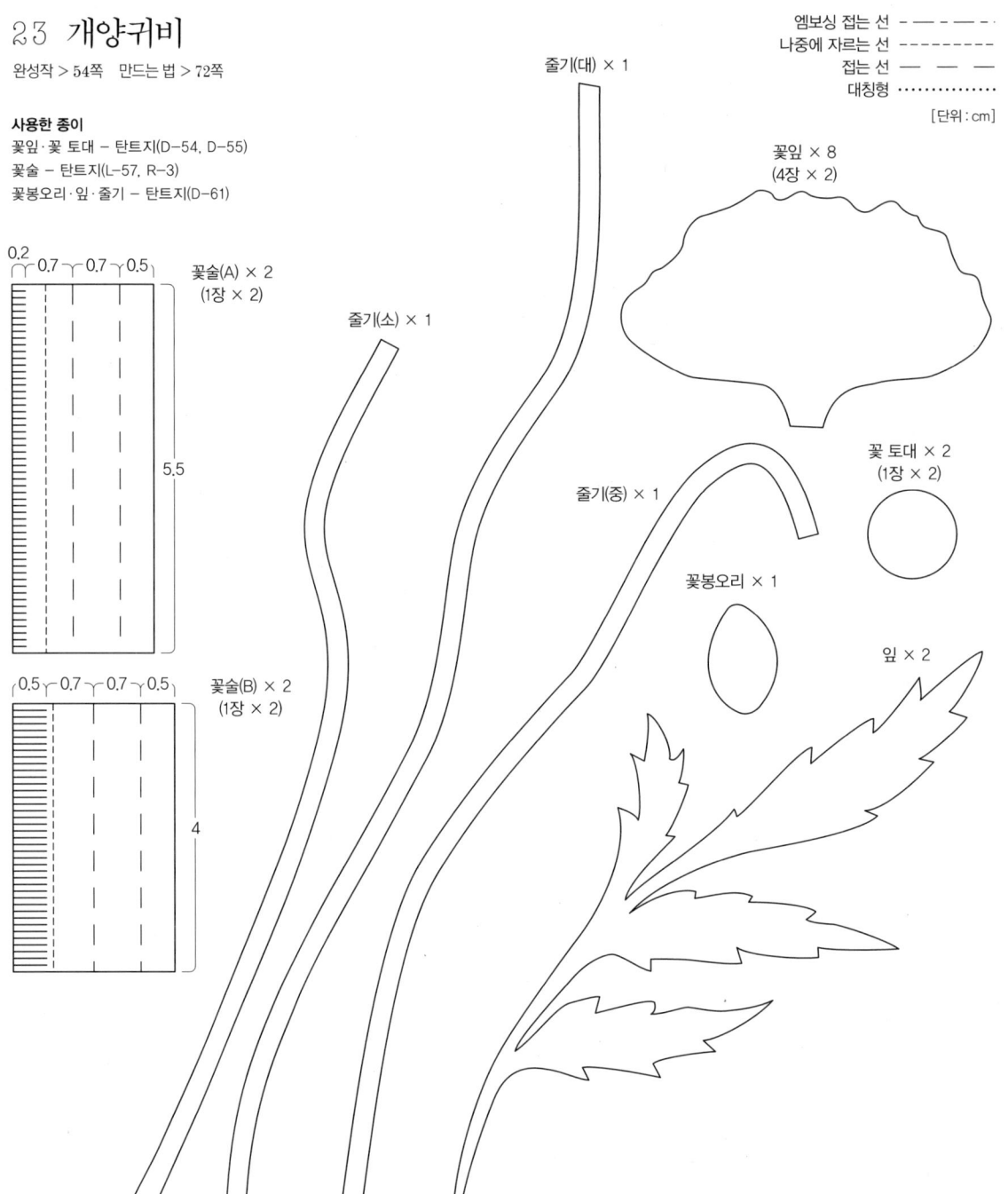

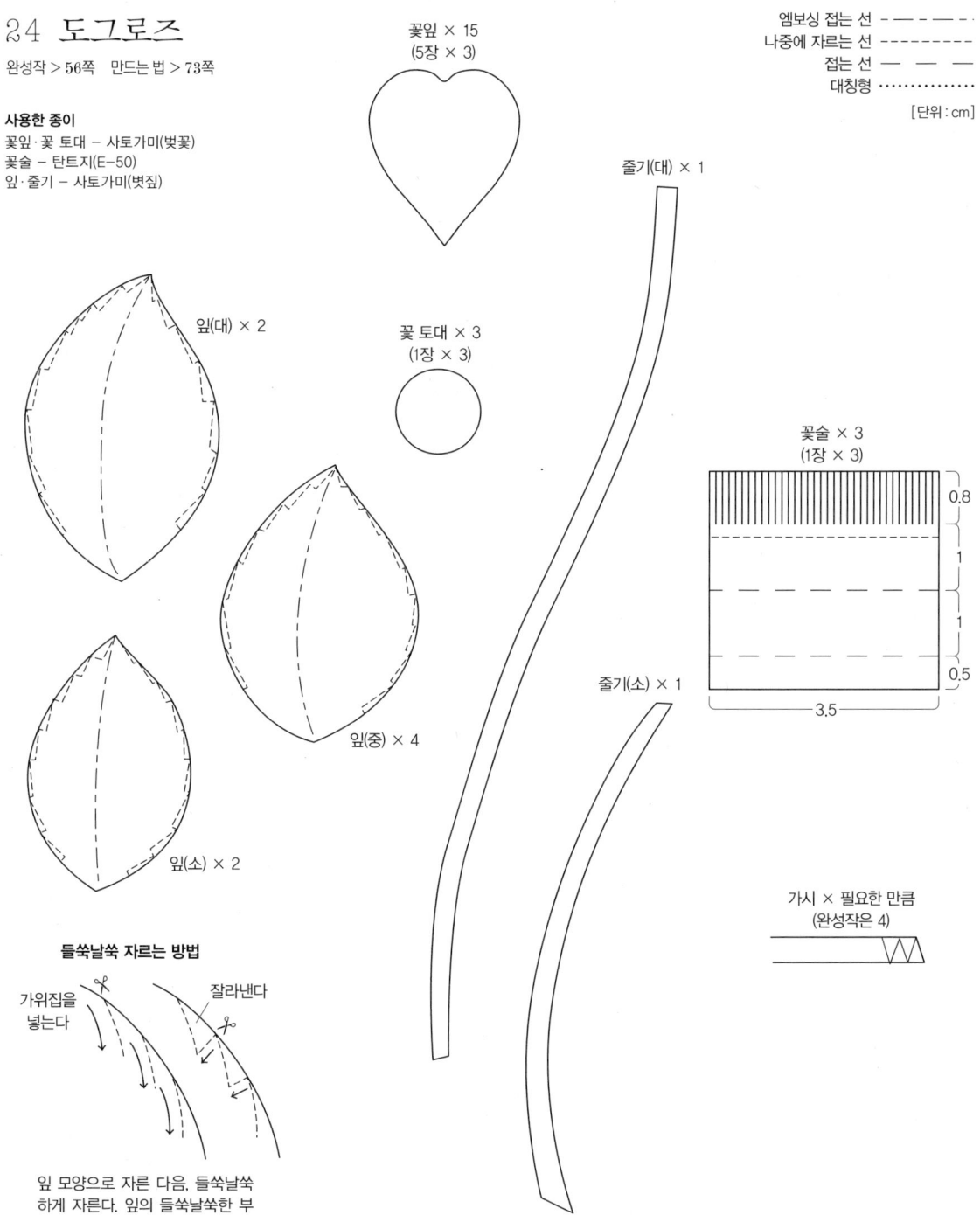

25 커먼말로우

완성작 > 59쪽   만드는 법 > 74쪽

엠보싱 접는 선 ———
나중에 자르는 선 ---------
접는 선 — — —
대칭형 ············

[단위 : cm]

사용한 종이

꽃잎 – 머메이드지(복숭아)
꽃술 – 탄트지(E-50)
꽃 잎맥 – 사토가미(단풍)
꽃받침·잎 – 사토가미(오이)

꽃잎 × 20
(5장 × 4)

꽃받침 × 4
(1장 × 4)

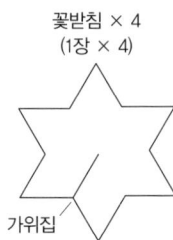

가위집

꽃 잎맥 × 60
(15줄 × 4)

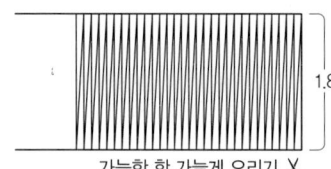

1.8

가능한 한 가늘게 오리기 ✂

잎(대) × 2

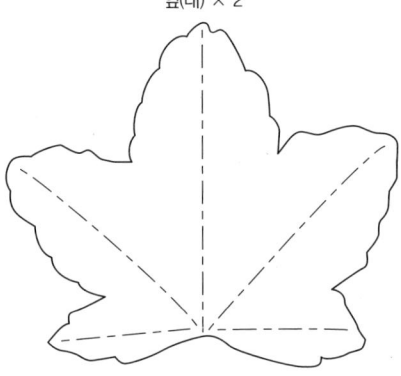

꽃술 × 4
(1장 × 4)

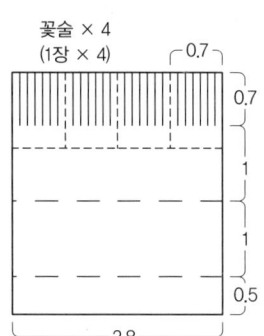

0.7
0.7
1
1
0.5
2.8

잎(소) × 4

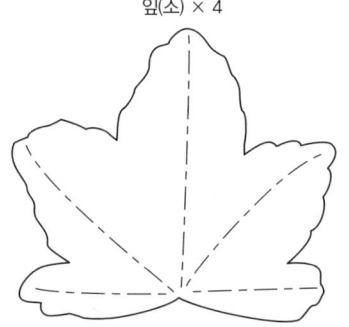

26 금매화

완성작 > 60쪽 만드는 법 > 75쪽

사용한 종이
꽃잎·꽃 토대 – 캔손지(400)
잎 – 사토가미(풀고사리)
줄기 – 탄트지(G-63)

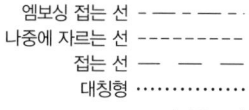
엠보싱 접는 선 ─·─·─
나중에 자르는 선 ─────
접는 선 ── ── ──
대칭형 ············
[단위 : cm]

줄기(대) × 1

줄기(소) × 2

잎 × 5

꽃잎(A) × 9
(3장 × 3)
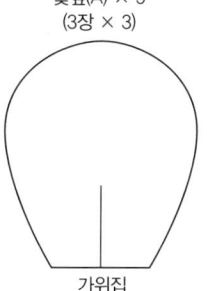
가위집

꽃잎(B) × 9
(3장 × 3)
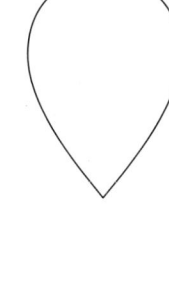

꽃잎(C) × 9
(3장 × 3)
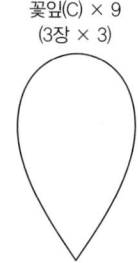

꽃잎(D) × 9
(3장 × 3)
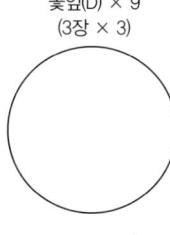

꽃 토대 × 3
(1장 × 3)

27 물망초

완성작 > 62쪽   만드는 법 > 76쪽

사용한 종이
꽃 – 사토가미(옅은 황녹)
꽃술 – 사토가미(유채)
꽃봉오리·잎·줄기 – 사토가미(대나무)

엠보싱 접는 선 ––– ––– –––
나중에 자르는 선 ----------
접는 선 — — —
대칭형 ················

[단위 : cm]

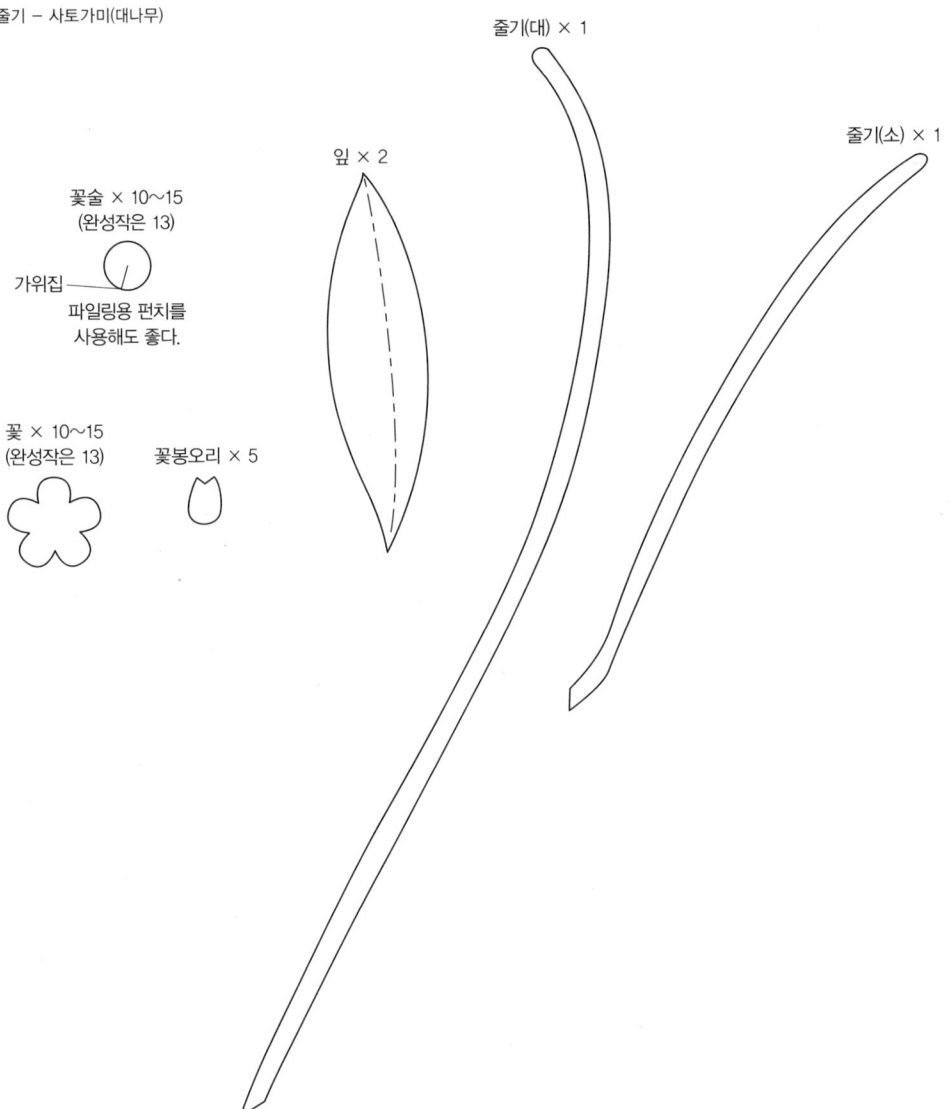

28 에델바이스

완성작 > 63쪽　만드는 법 > 77쪽

사용한 종이
꽃잎·꽃술·꽃 토대 – 머메이드지(흰색)
잎 – 사토가미(대나무)

엠보싱 접는 선 ―·―·―
나중에 자르는 선 ------
접는 선 ― ― ―
대칭형 ············

[단위:cm]

꽃술 × 3
(1장 × 3)

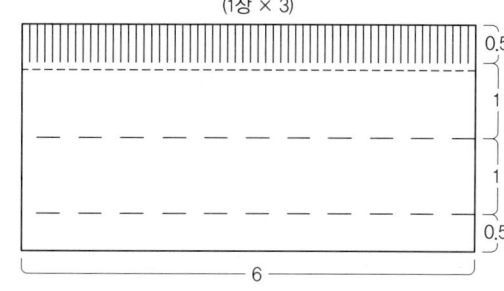

잎 × 12

꽃잎(A) × 6
(2장 × 3)

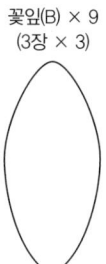

꽃잎(B) × 9
(3장 × 3)

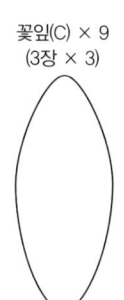

꽃잎(C) × 9
(3장 × 3)

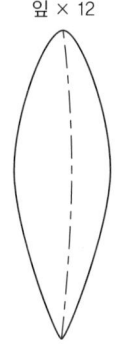

꽃 토대 × 3
(1장 × 3)

---

29 블랙베리

완성작 > 64쪽　만드는 법 > 78쪽

사용한 종이
열매·꽃 토대 – 머메이드지(짙은 남색), NT 라샤(남색),
사토가미(팥, 단풍)
잎 – 사토가미(대나무)
줄기 – 사토가미(참억새)

잎 × 5

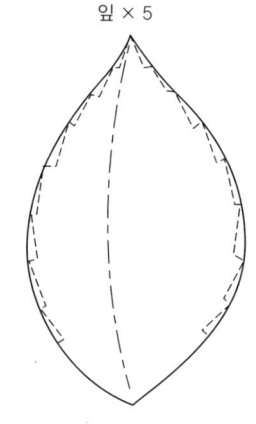

들쭉날쭉 자르는 방법

가위집을 넣는다　　잘라낸다

잎 모양으로 자른 다음, 들쭉날쭉하게 자른다. 잎의 들쭉날쭉한 부분은 도안과 똑같지 않아도 좋다.

열매 토대 × 6
(1장 × 6)

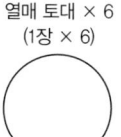

열매
(한 송이에 10~18개 × 6)

파일링용 펀치를
사용해도 좋다.

줄기 × 1

30 스카비오사

완성작 > 80쪽   만드는 법 > 90쪽

사용한 종이
꽃잎 – 탄트지(L-72), NT 라샤(짙은 보라)
중심 꽃 – 탄트지(G-72), NT 라샤(짙은 보라)
꽃봉오리·꽃받침 – 사토가미(풀고사리)
잎·줄기 – 캔손지(480), 사토가미(소나무)

엠보싱 접는 선 ーーー
나중에 자르는 선 ----------
접는 선 ー ー ー
대칭형 ·············

[단위 : cm]

줄기(대) × 4

꽃잎 × 5
(1장 × 5)

중심 꽃 × 5
(1장 × 5)

1.5 / 1 / 1 / 0.5

1 / 1 / 1 / 0.5

15

15

꽃봉오리 × 1

꽃받침 × 3

잎(소) × 11

줄기(소) × 2

잎(대) × 1

0.3 ~ 0.6cm 간격으로 가위집을 넣는다. 전부 같은 간격이 아니어도 괜찮다.

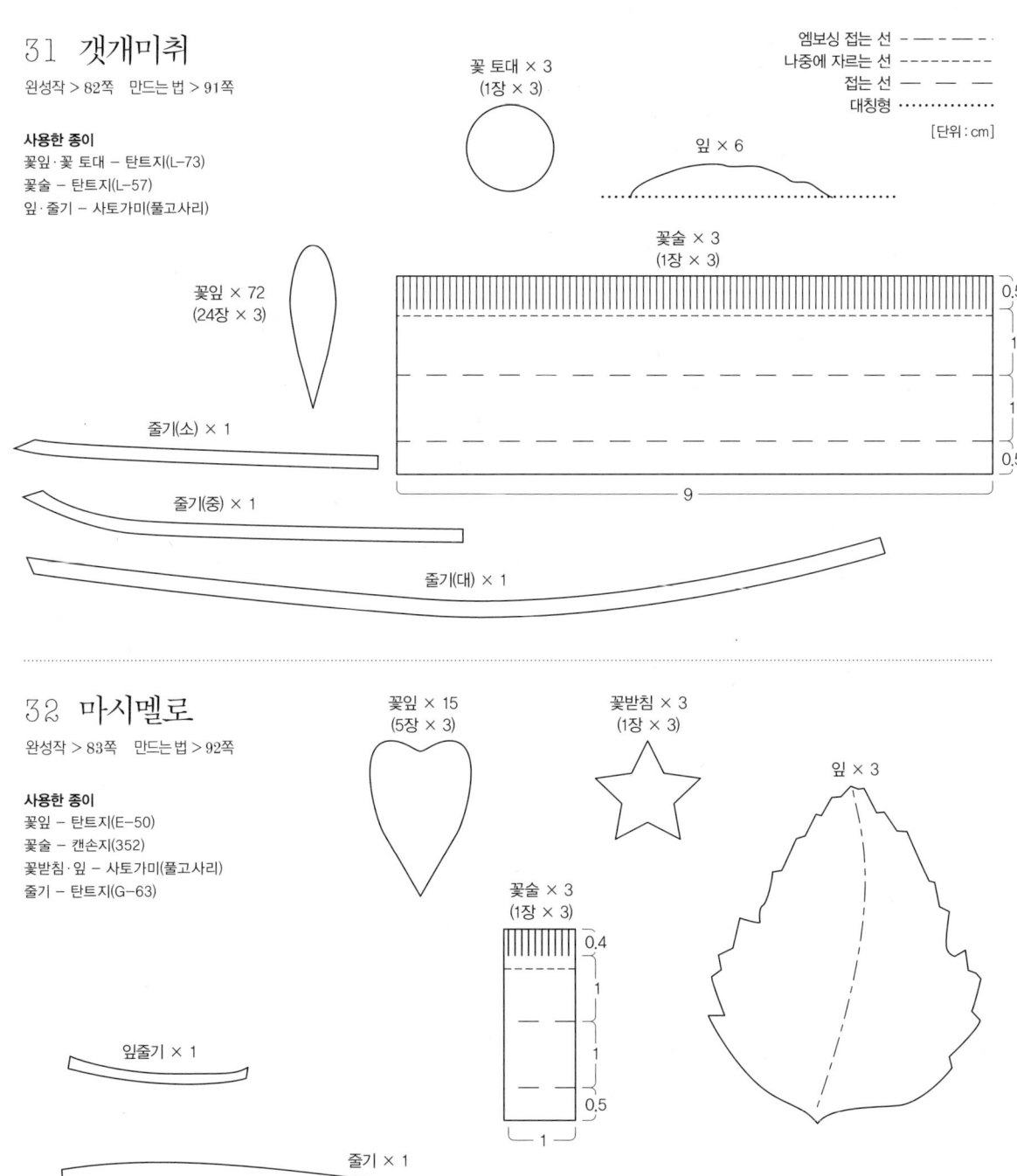

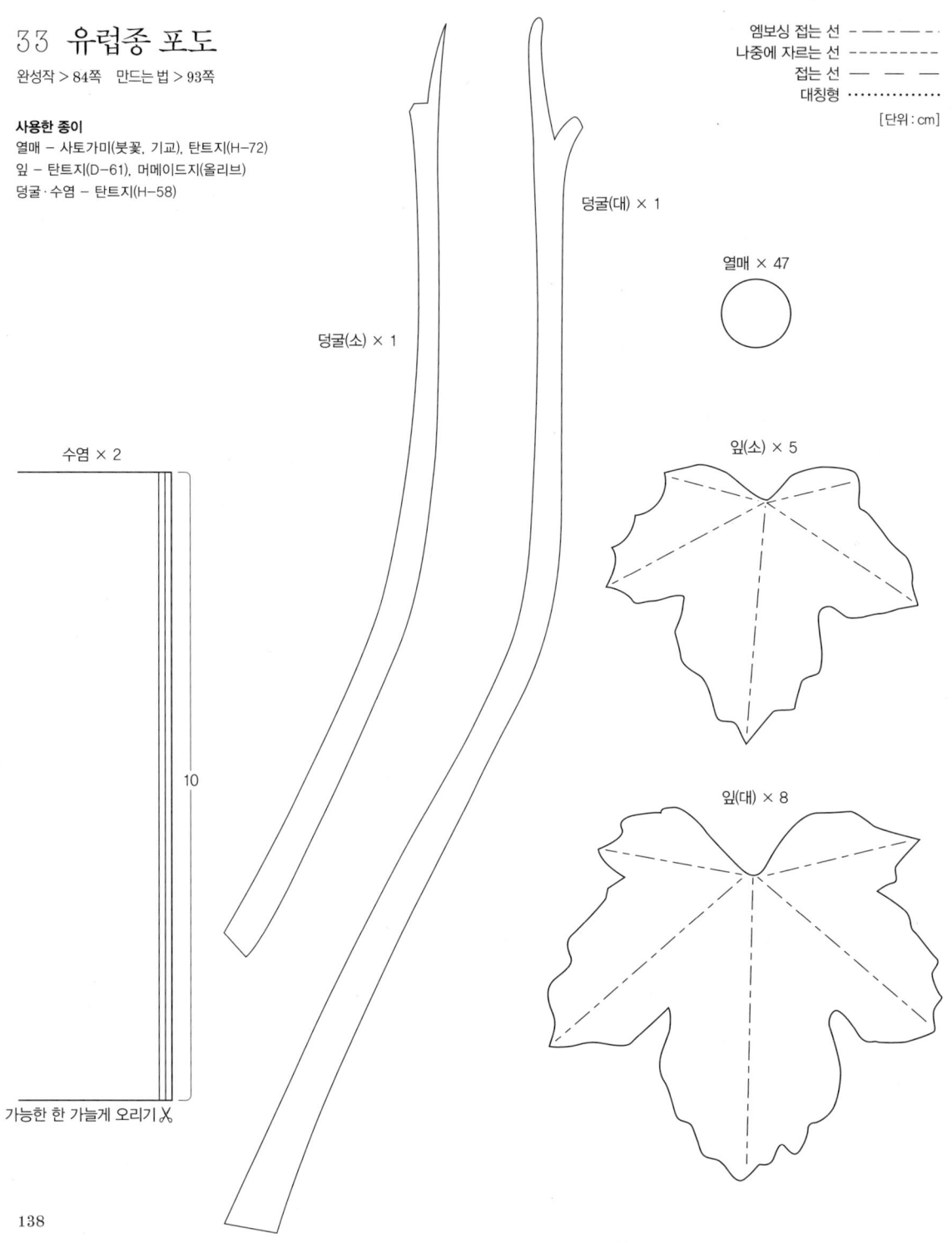

34 밀보리

완성작 > 86쪽　만드는 법 > 93쪽

사용한 종이
낟알 - 사토가미(겨자, 울금)
수염·잎·줄기 - 사토가미(울금)

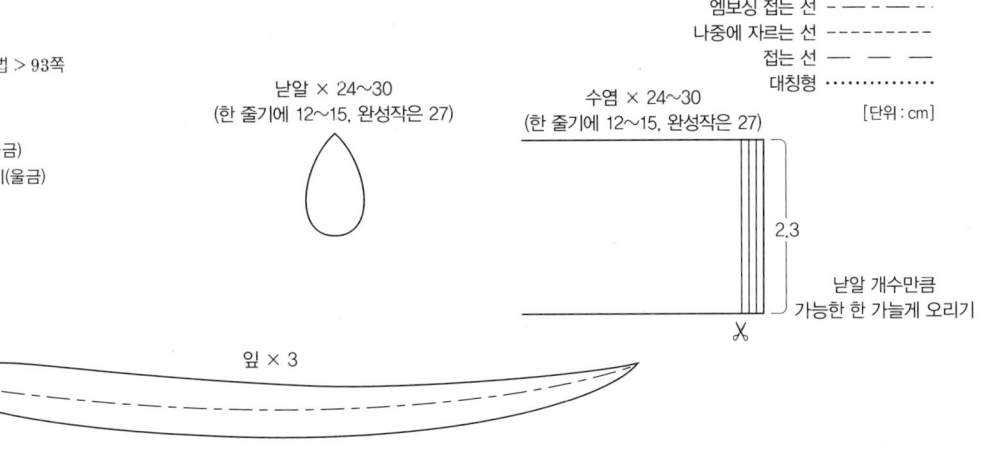

35 콜히쿰

완성작 > 87쪽　만드는 법 > 94쪽

사용한 종이
꽃잎 - 캔손지(352), 사토가미(기교)
꽃밥 - 캔손지(400)
줄기 - 사토가미(닥나무)

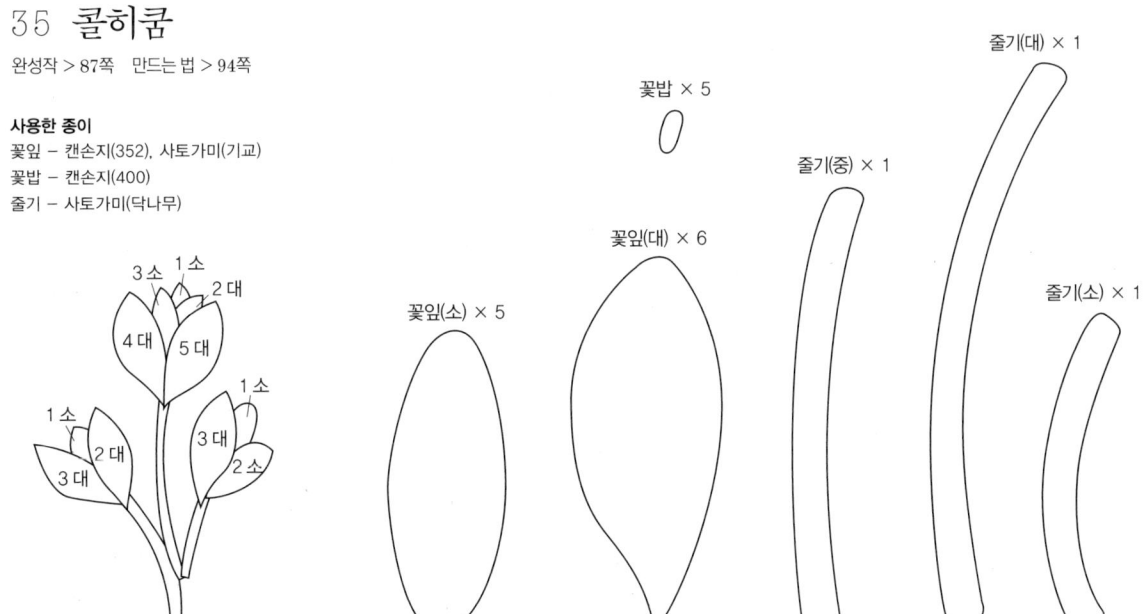

36 올리브

완성작 > 88쪽 만드는 법 > 94쪽

사용한 종이
열매 – 캔손지(503), 탄트지(D-61)
잎 – 사토가미(소나무)
가지 – 사토가미(참억새)

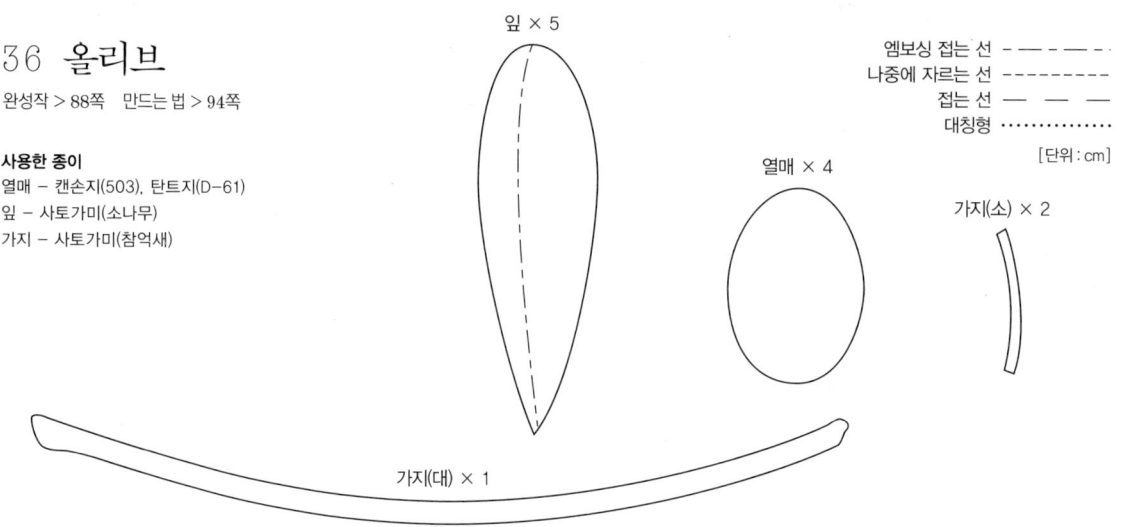

37 크리스마스로즈

완성작 > 97쪽 만드는 법 > 107쪽

사용한 종이
꽃잎·꽃 토대 – 탄트지(P-64)
꽃술 – 탄트지(L-57)
잎·줄기 – 머메이드지(푸른 대나무)

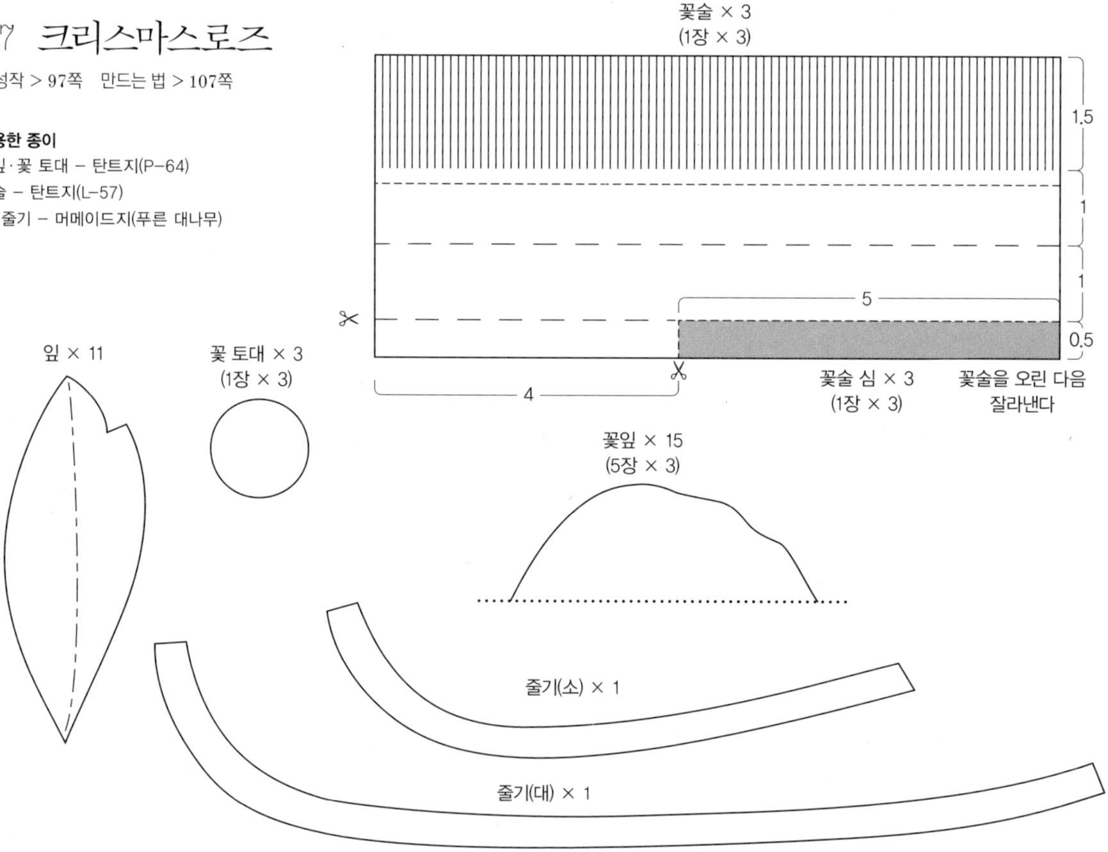

38 노랑너도바람꽃

완성작 > 98쪽 만드는 법 > 108쪽

사용한 종이
꽃잎·꽃술·꽃 토대 – 사토가미(유채)
포엽·포엽 토대 – 사토가미(대나무)
줄기 – 사토가미(고추냉이)

엠보싱 접는 선 ┈┈┈
나중에 자르는 선 ┈┈┈
접는 선 ─ ─ ─
대칭형 ┈┈┈
[단위 : cm]

꽃잎 × 12
(6장 × 2)

꽃 토대 × 2
(1장 × 2)

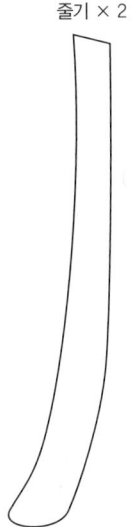
줄기 × 2

포엽(A) × 8

포엽(B) × 18
(9장 × 2)

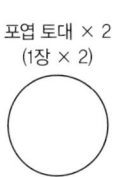
포엽 토대 × 2
(1장 × 2)

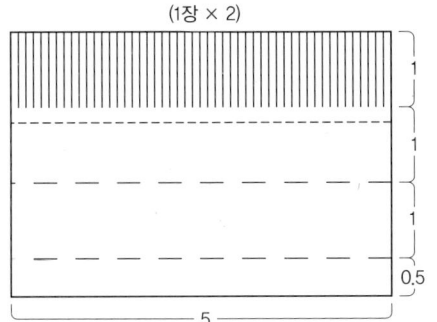
꽃술 × 2
(1장 × 2)

---

39 시클라멘

완성작 > 101쪽 만드는 법 > 109쪽

사용한 종이
꽃잎·꽃 토대 – 탄트지(G-50), 캔손지(352)
잎 – 사토가미(풀고사리)
줄기 – 사토가미(소나무)

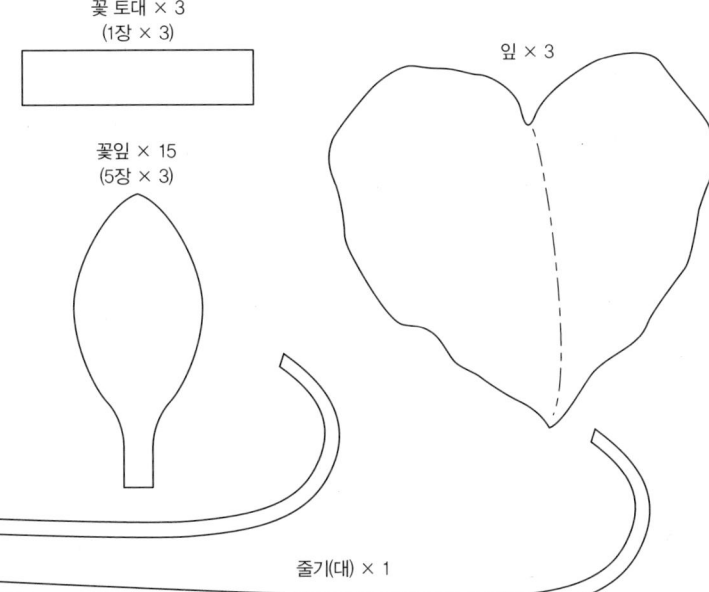

40 프림로즈

완성작 > 102쪽   만드는 법 > 110쪽

사용한 종이
꽃잎·꽃 토대 – 캔손지(400)
꽃의 문양 – 탄트지(N-57)
잎·꽃받침 – 탄트지(D-61)

엠보싱 접는 선 ––––––
나중에 자르는 선 ––––––
접는 선 — — —
대칭형 ········

[단위 : cm]

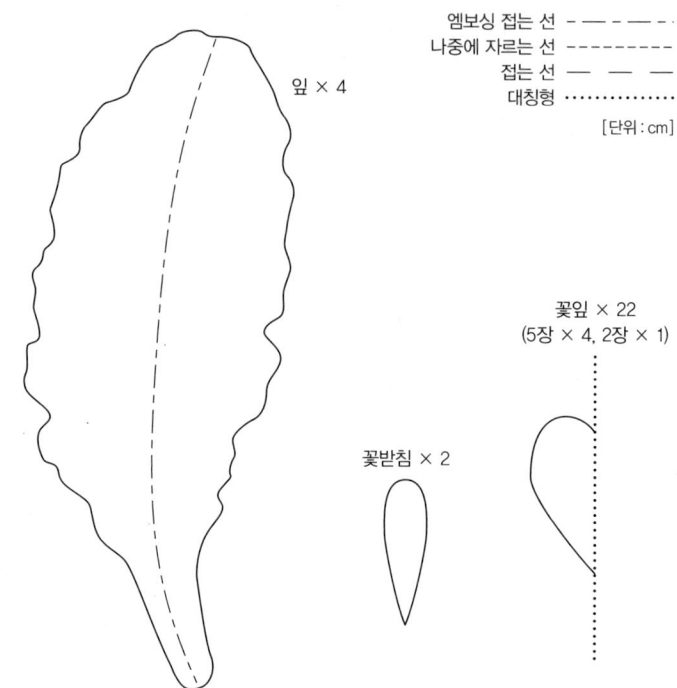

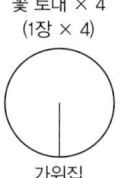

41 치오노독사

완성작 > 103쪽   만드는 법 > 111쪽

사용한 종이
꽃잎 – 탄트지(L-72)
꽃술 – 사토가미(유채)
꽃술 싸개 – 탄트지(P-72)
잎 – 사토가미(대나무)
줄기 – 사토가미(볏짚)

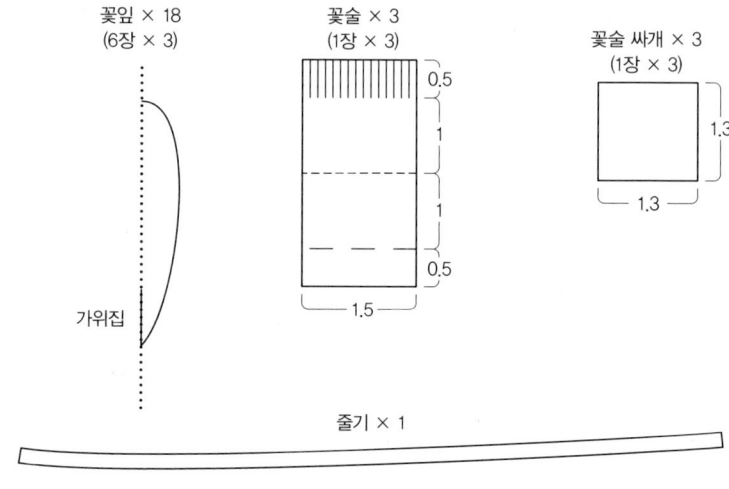

142

42 유럽호랑가시나무

완성작 > 104쪽   만드는 법 > 112쪽

사용한 종이
열매 – 사토가미(팥)
잎 – 머메이드지(올리브)
가지 – 사토가미(솔개)

43 스노드롭

완성작 > 106쪽   만드는 법 > 112쪽

사용한 종이
꽃잎 – 머메이드지(내추럴)
포엽 – 사토가미(풀고사리)
꽃받침·잎·줄기 – 사토가미(대나무)

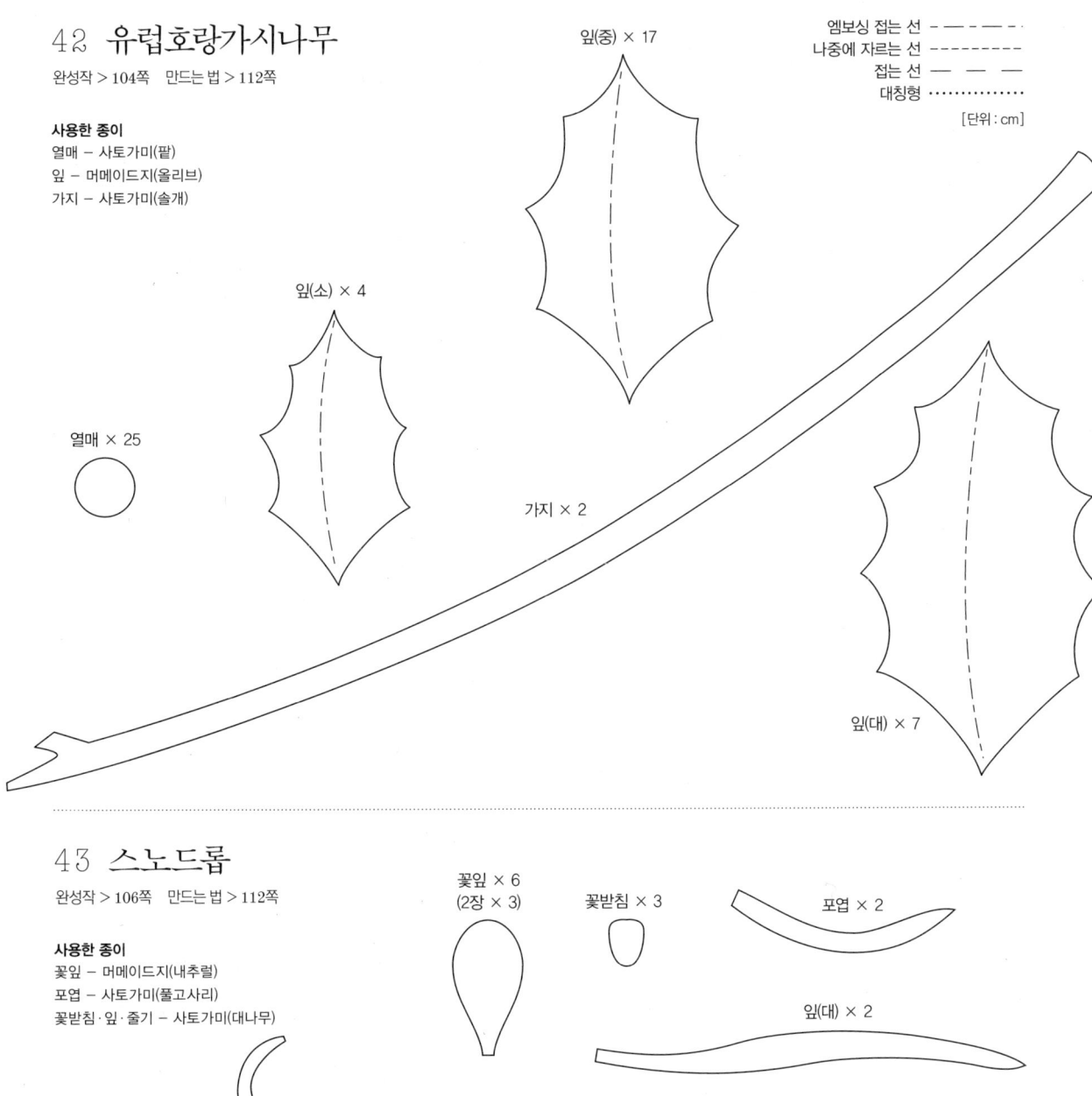

NO NO HANA NO RITTAI KIRIGAMI SEIYO-HEN by Emiko Yamamoto
Copyright © 2015 by Emiko Yamamoto
All rights reserved.
Original Japanese edition published by Seibundo Shinkosha Publishing Co., Ltd.
This Korean edition is published by arrangement with Seibundo Shinkosha Publishing Co., Ltd., TOKYO
in care of Tuttle-Mori Agency, Inc., Tokyo through ERIC YANG AGENCY, INC., Seoul.

이 책의 한국어판 저작권은 EYA(Eric Yang Agency)를 통한
Seibundo Shinkosha Publishing Co., Ltd. 사와의 독점계약으로 한스미디어(한즈미디어(주))에 있습니다.
저작권법에 의하여 한국 내에서 보호를 받는 저작물이므로 무단전재와 복제를 금합니다.

야생화 페이퍼 플라워 43

1판 1쇄 발행 | 2016년 3월 25일
1판 4쇄 발행 | 2023년 11월 20일

지은이 야마모토 에미코
옮긴이 이지혜
펴낸이 김기옥

실용본부장 박재성
편집 실용1팀 박인애
영업 김선주
커뮤니케이션 플래너 서지운
지원 고광현, 김형식, 임민진

디자인 푸른나무디자인
인쇄·제본 민언프린텍

펴낸곳 한스미디어(한즈미디어(주))
주소 121-839 서울시 마포구 양화로 11길 13(서교동, 강원빌딩 5층)
전화 02-707-0337 | 팩스 02-707-0198 | 홈페이지 www.hansmedia.com
출판신고번호 제 313-2003-227호 | 신고일자 2003년 6월 25일

ISBN 978-89-5975-552-3 13630

책값은 뒤표지에 있습니다.
잘못 만들어진 책은 구입하신 서점에서 교환해드립니다.

자수

**달눈의
레트로 감성 자수**
노지혜 저
208쪽 | 18,000원

**하란의
보태니컬 세밀화 자수**
김은아 저
220쪽 | 18,000원

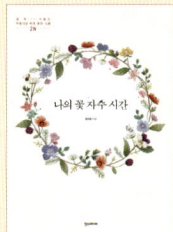

나의 꽃 자수 시간
정지원 저
276쪽 | 19,800원

**처음 배우는
우리 꽃 자수**
정지원 저
236쪽 | 16,800원

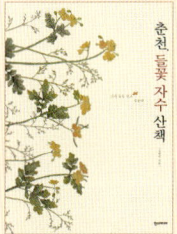

춘천, 들꽃 자수 산책
김예진 저
272쪽 | 18,000원

춘천, 사계절 꽃자수
김예진 저
128쪽 | 16,000원

자수 스티치의 기본
아틀리에 Fil 저 | 강수현 역
132쪽 | 15,000원

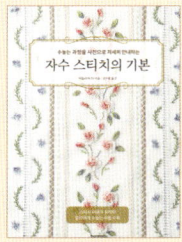

**쉽게 배우는
리본 자수의 기초**
오구라 유키코 저 | 강수현 역
112쪽 | 16,500원

**히구치 유미코의
자수 시간**
히구치 유미코 저 | 강수현 역
헬렌정 감수 | 96쪽
18,000원

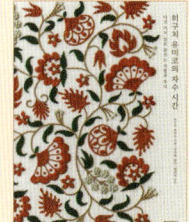

**히구치 유미코의
동물 자수**
히구치 유미코 저
배혜영 역 | 헬렌정 감수
96쪽 | 16,800원

**히구치 유미코의
연결 자수**
히구치 유미코 저
남궁가윤 역 | 102쪽 | 16,800원

**히구치 유미코의
사계절 자수**
히구치 유미코 저
김수연 역 | 헬렌정 감수
96쪽 | 18,000원

**히구치 유미코의
즐거운 울 자수**
히구치 유미코 저 | 배혜영 역
72쪽 | 16,800원

소잉

**쉽게 배우는
새로운 재봉틀의 기초**
사카우치 쿄코 저 | 김수연 역
140쪽 | 18,000원

**픽셀클로젯의
말랑말랑 솜인형
옷 만들기**
픽셀클로젯 저
176쪽 | 22,000원

**사이다의
핸드메이드 드레스 레슨**
사이다 저 | 208쪽
25,000원

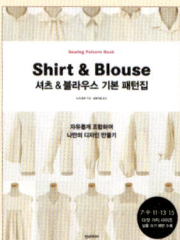

**셔츠 & 블라우스
기본 패턴집**
노기 요코 저 | 남궁가윤 역
108쪽 | 20,000원

원피스 기본 패턴집
노기 요코 저 | 남궁가윤 역
108쪽 | 20,000원

**스커트 & 팬츠
기본 패턴집**
노기 요코 저 | 남궁가윤 역
104쪽 | 20,000원

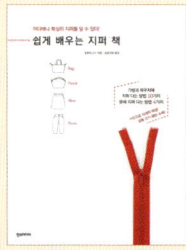

**쉽게 배우는
지퍼 책**
일본보그사 저 | 남궁가윤 역
108쪽 | 13,000원

**매일매일 입고 싶은
심플 데일리 키즈룩**
가타가이 유키 저
남궁가윤 역 | 112쪽
18,000원

**패턴부터 남다른
우리 아이 옷 만들기**
가타가이 유키 저 | 송혜진 역
134쪽 | 16,500원

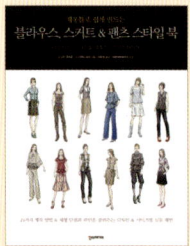

**재봉틀로 쉽게 만드는
블라우스, 스커트&팬츠
스타일 북**
노나카 게이코, 스기야마 요코 저
이은정 역 | 90쪽 | 13,000원

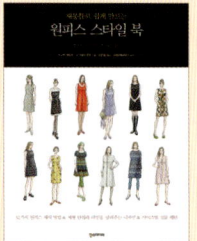

**재봉틀로 쉽게 만드는
원피스 스타일 북**
노나카 게이코, 스기야마 요코 저
이은정 역 | 크래프트 하우스 감수
88쪽 | 13,000원

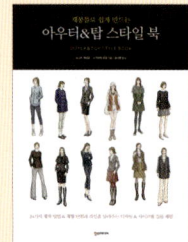

**재봉틀로 쉽게 만드는
아우터 & 탑 스타일 북**
스기야마 요코, 노니키 게이코 저
| 김나영 역 | 76쪽
13,000원

대바늘 손뜨개

쉽게 배우는
새로운 대바늘 손뜨개의 기초
일본보그사 저 | 김현영 역
160쪽 | 18,000원

마마랜스의 일상 니트
이하니 저
200쪽 | 22,000원

니팅테이블의 대바늘 손뜨개 레슨
이윤지 저
176쪽 | 18,000원

그린도토리의 숲속 동물 손뜨개
명주현 저
228쪽 | 18,000원

바람공방의 마음에 드는 니트
바람공방 저 | 남궁가윤 역
96쪽 | 16,800원

유러피안 클래식 손뜨개
효도 요시코 저 | 배혜영 역
120쪽 | 15,000원

매일 입고 싶은 남자 니트
일본보그사 저 | 강수현 역
96쪽 | 14,000원

M·L·XL 사이즈로 뜨는 남자 니트
리틀 버드 저 | 배혜영 역
116쪽 | 15,000원

52주의 뜨개 양말
레인 저 | 서효령 역
256쪽 | 29,800원

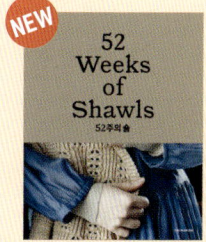

52주의 숄
레인 저 | 조진경 역
272쪽 | 33,000원

쿠튀르 니트
대바늘 손뜨개 패턴집 260
시다 히토미 저 | 남궁가윤 역
136쪽 | 20,000원

쿠튀르 니트
대바늘 니트 패턴집 250
시다 히토미 저 | 남궁가윤 역
144쪽 | 20,000원

대바늘 비침무늬 패턴집 280
일본보그사 저 | 남궁가윤 역
144쪽 | 20,000원

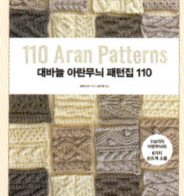

대바늘 아란무늬 패턴집 110
일본보그사 저 | 남궁가윤 역
112쪽 | 20,000원

쉽게 배우는
대바늘 손뜨개 무늬 125
일본보그사 저 | 배혜영 역
128쪽 | 15,000원

DIY

**짜루의
핸드메이드 인형 만들기**
짜루(최정혜) 저
132쪽 | 14,000원

**투명한
보석비누 교과서**
키노시타 카즈미 저 | 문혜원 역
112쪽 | 14,000원

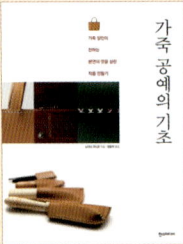

가죽공예의 기초
노타니 구니코 저 | 정은미 역
116쪽 | 18,000원

**종이로 꾸미는 공간
종이 인테리어 소품**
김은주, 방경희, 이정은 저
208쪽 | 16,500원

**야생화 페이퍼
플라워 43**
야마모토 에미코 저 | 이지혜 역
144쪽 | 15,000원

나무로 만든 그릇
니시카와 타카아키 저
송혜진 역 | 268쪽
16,000원

쉽게 배우는
목공 DIY의 기초
두파! 편 | 김남미 역
144쪽 | 16,500원

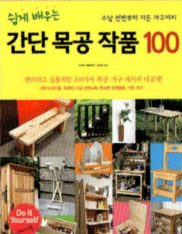

쉽게 배우는
간단 목공 작품 100
두파! 편 | 박재영 역
132쪽 | 16,500원

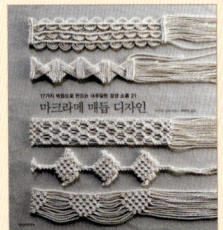

마크라메 매듭 디자인
마쓰다 사와 저 | 배혜영 역
100쪽 | 14,000원

82 매듭 대백과
일본부티크사 저 | 황세정 역
172쪽 | 14,000원

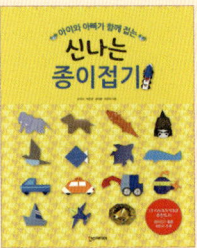

아이와 아빠가 함께 접는
신나는 종이접기
박은경, 고이녀, 조은주, 송미령 저
168쪽 | 15,000원

엄마와 아이가 함께 접는
행복한 종이접기
김남희, 김향규, 윤선옥, 이명신 저
240쪽 | 15,000원

아이와 엄마가 함께 만드는
행복한 종이아트
김준섭, 길명숙, 송영지 저
162쪽 | 15,000원

플라워&가드닝

꽃집에서 인기 있는 꽃 469종
꽃도감
방현희 역 | 몽소 플뢰르 감수
288쪽 | 22,000원

케이라플레르
플라워 코스
김애진 저
288쪽 | 32,000원

플라워 컴 투 라이프
김신정 저
328쪽 | 16,800원

플라워 컴 홈
김신정 저 | 296쪽
16,500원

마이 디어 플라워
주예슬 저 | 284쪽
16,500원

사계절을 즐기는
꽃꽂이
다니 마사코 저 | 방현희 역
208쪽 | 18,000원

플로렛 농장의
컷 플라워 가든
에린 벤자킨, 줄리 차이 저
정수진 역 | 미셸 M. 웨이트 사진
32,000원

처음 시작하는
구근식물 가드닝
마쓰다 유키히로 저 | 방현희 역
208쪽 | 22,000원

한스미디어 www.hansmedia.com

서울특별시 마포구 양화로 11길 13 (강원빌딩 5층)
TEL 02-707-0337   FAX 02-707-0198

도서판매처 안내

전국 오프라인 서점
교보문고 전 지점, 영풍문고 전 지점, 반디앤루니스 전 지점, 이외의 전국 지역 서점에서 구매할 수 있습니다.

온라인 서점
교보인터넷 www.kyobobook.co.kr
YES24 www.yes24.com
알라딘 www.aladin.co.kr
인터파크도서 book.interpark.com

한스미디어의 수예 & 핸드메이드 도서

베스트 뜨개 & 핸드메이드 매거진 털실타래 Vol.1~5
일본보그사 편 | 각 22,000원

 ## 코바늘 손뜨개

**쉽게 배우는
새로운 코바늘 손뜨개의 기초**
일본보그사 저 | 김현영 역
153쪽 | 18,000원

**쉽게 배우는
새로운 코바늘 손뜨개의 기초 실전편**
일본보그사 저 | 이은정 역
136쪽 | 16,500원

**쉽게 배우는
코바늘 손뜨개 무늬 123**
일본보그사 저 | 배혜영 역
111쪽 | 15,000원

**쉽게 배우는
모티브 뜨기의 기초**
일본보그사 저 | 강수현 역
112쪽 | 15,000원

**실을 끊지 않는
코바늘 연속
모티브 패턴집**
일본보그사 저 | 강수현 역
112쪽 | 18,000원

**실을 끊지 않는
코바늘 연속
모티브 패턴집 II**
일본 보그사 저 | 강수현 역
112쪽 | 18,000원

**매일매일
뜨개 가방**
최미희 저 | 200쪽 | 20,000원

**손뜨개꽃길의
사계절 코바늘 플라워**
박경조 저 | 244쪽 | 22,000원

**대바늘과 코바늘로 뜨는
겨울 손뜨개 가방**
아사히신문출판 저 | 강수현 역
80쪽 | 13,000원